**Jesús Escudero Martín**
*Profesor de Matemáticas e Informática del*
*IES Fray Luis de León de Salamanca*

# EL GRAN LIBRO DE LOS ACERTIJOS DE INGENIO

## SOLO LENGUAJE (1 y 2)

(Incluye 2 archivos virtuales)

Salamanca 2020

## EL GRAN LIBRO DE LOS ACERTIJOS DE INGENIO
### SOLO LENGUAJE (1 y 2) (B/N)
**(Incluye 2 archivos virtuales)**
*Jesús Escudero Martín*
Julio 2020

Tapa blanda: 256 páginas
Idioma: Español
Ilustración de portada: Internet
Ilustraciones interiores: Jesús Escudero Martín & Internet

ISBN: 9798668616282

## ÍNDICE

| | |
|---:|:---:|
| Prólogo | 7 |
| Introducción | 9 |
| Los acertijos | 15 |
| Las soluciones | 199 |
| Archivos virtuales | 239 |
| Bibliografía | 243 |

A todos los que buscáis
el lado divertido
de las cosas

## PRÓLOGO

*"Tomar la diversión como simple diversión y la seriedad en serio, muestra cuán profundamente indiscernibles resultan ambas entre sí"*
(Piet Hein)

Este podría ser el modo más conciso de expresar el punto de vista desde el que están escritas casi todas las páginas de este libro.

El pensamiento del pedagogo alemán Harmut von Henting, expuesto en su libro *"¿Por qué tengo que ir a la escuela? Cartas a Tobías"*, defiende que el aprendizaje *"exige siempre esfuerzo y sacrificio"*. Sin negar ese principio, siempre intento, en lo posible, enseñar deleitando. Esta es la finalidad que tienen los acertijos y curiosidades, que expongo en estas páginas.

Lo que aparece en ellas es para quienes no tengan miedo a evaluarse, para quienes disfruten con las dificultades, para quienes odien los mecánicos y monótonos caminos de resolución; para personas creativas, para los amantes de los enigmas y capaces de apreciar la belleza del razonamiento lógico o matemático.

Los ingeniosos acertijos que se incluyen, muestran que las matemáticas, la lengua, la física y otras disciplinas pueden llegar a ser muy  divertidas y entretenidas. El libro ha sido escrito con la intención de que pase Vd. ratos muy agradables.

Espero que ni al más ingenuo de los lectores, se le ocurra pensar que los acertijos se me han ocurrido a mí. Aunque hay algunos originales, la mayoría han sido extraídos de revistas, periódicos y libros de todo tipo, así como de Internet y del correo electrónico. Los que hay de otros autores, están nombrados en la bibliografía.

Como desde comienzos de los años 70 he ido recogiendo todo tipo de acertijos y curiosidades, por afición, sin ánimo de publicarlos más adelante, desconozco el origen exacto de la mayoría de ellos.

Todo este material me ha ayudado a amenizar mis clases, sacando a colación el acertijo apropiado en el momento oportuno. Los alumnos siempre están interesados en estos temas, y, sobre todo, si vienen a cuento. También lo he compartido con otros profesores y compañeros que desinteresada y amablemente me han ayudado con sus valiosas sugerencias. Incluir aquí sus nombres daría lugar a una lista demasiado larga. Muchas de las ideas, que aparecen en el libro, resultaron muy mejoradas gracias a su colaboración.

Buen número de los acertijos que aparecen en estas páginas tienen ya la categoría de clásicos y han sido adaptados a nuestro ambiente cultural o se les ha dado un retoque para hacerlos más amenos.

Casi todos los acertijos seleccionados pueden explorarse con la ayuda de un papel y un lápiz. Para resolver la mayor parte de ellos, no se requieren conocimientos superiores a los elementales, aunque casi siempre se requiere la aplicación de un agudo ingenio, a pesar de que a veces no lo parezca. *"La imaginación es más importante que el conocimiento"*. (Albert Einstein)

En la resolución de algunos acertijos, es preciso que surja en nuestra mente un concepto nada fácil de definir, que llamamos "**feliz idea**". Para el experto es un método de trabajo, lo que para el novicio resulta  una feliz idea, una especie de revelación divina, que surge como un relámpago en la oscuridad y nos deja ver claro el camino a seguir. El examen de muchas felices ideas puede abrir en nuestro espíritu cauces que hagan surgir chispas semejantes en circunstancias parecidas. *"Es dudoso que el ingenio humano pueda llegar a construir un enigma que el propio ingenio humano no sea capaz de resolver"*. (Edgar Alan Poe)

Es cierto que hay algunos, preciosos, de enunciado muy sencillo, que son muy difíciles de resolver. Aunque no sepamos llegar a la solución, sólo con el hecho de verla y, a veces, comprobarla, ya se disfruta con ellos. *"No necesito saber adonde voy para gozar del camino que transito"*. (Deepak Chopra)

Algunos archivos virtuales que se muestran con ciertos acertijos, han sido creados por mis alumnos de 1º y 2º de Bachillerato en la asignatura de Tecnologías de la Información. Tras una pequeña y breve revisión, aparecen tal y como todos ellos me los entregaron.

Salamanca, julio 2020

# INTRODUCCIÓN

**ACERTIJO.** "Es la ingeniosa descripción, en prosa, de un mensaje que el receptor debe descubrir". También: "Enunciado que contiene un enigma y los datos necesarios para su resolución".

Primero fue el acertijo y, cuando este se arropó con el verso, nació la **ADIVINANZA**.

Los verdaderos acertijos son los que requieren soluciones inusuales.

**INGENIO.** "Es la ciencia de engendrar ideas no convencionales".

La finalidad del ingenio es frecuentemente la resolución de acertijos.

De la mañana a la noche, nos vemos permanentemente enfrentados a acertijos, generalmente ideados para la recreación y el pasatiempo.

La curiosa tendencia a proponer acertijos no es peculiar a ninguna raza ni a ningún período de la historia. Es simplemente innata a cualquier hombre, mujer o niño inteligente.

Los teólogos, científicos y artesanos están permanentemente ocupados en tratar de solucionar problemas, mientras que todo juego, deporte y pasatiempo se basa en problemas de mayor o menor dificultad.

Así comienza la *"INTRODUCCIÓN"* que pertenece a *"El GRAN LIBRO de los ACERTIJOS de ingenio (Parte 1)"* y que consta de 57 páginas.

Como no deseo ser repetitivo, en las siguientes líneas, solamente mostraré la parte correspondiente a los acertijos de lenguaje.

Hay múltiples interdependencias entre los acertijos y la historia, de modo que la presencia de una determinada clase de acertijos ha venido motivada históricamente por importantes virajes políticos, e incluso se puede decir que a veces los ha anunciado.

José Fernando de Abascal ha pasado a la historia como el virrey del acertijo, porque se vio obligado a dejar apresuradamente su virreinato de Perú y emprender su regreso a España cuando en 1816 observó sobre su mesa de trabajo tres saquitos conteniendo respectivamente **SAL-HABAS-CAL**.

J. E. M. - Solo LENGUAJE (1 y 2)

Un acertijo similar, aunque en versión más moderna, le sucedió a Franco, cuando al desembarcar en Santander, allá por los años cincuenta, entre los muchos obsequios recibidos se encontró con un saquito con la siguiente etiqueta: **SAL DE ESPAÑA (CABEZÓN)**, alusiva al producto de las minas de Cabezón de la Sal (Cantabria).

El 8 de junio de 1941, salió a la calle La Codorniz como la *"revista más audaz para el lector más inteligente"*, pero ¿qué versos de esta revista se hicieron famosos cuando la censura arremetió contra ella?

*Si bombín es a bombón*
*como cojín es a equis,*
*nos importan dos equis*
*que nos cierren la edición.*

**ADIVINANZAS. Estimulan la imaginación y el juego de la fantasía.**

Ya Miguel de Cervantes en "La Galatea" planteó la siguiente adivinanza:

Es muy escura y es clara,
tiene mil contrariedades,
encúbrenos las verdades,
y al cabo nos las declara:
nace a veces de donaire,
otras de altas fantasías,
y suele engendrar porfías,
aunque trate de cosas de aire.

Sabe su nombre cualquiera,
hasta los niños pequeños;
son muchas y tienen dueños
de diferente manera:
no hay vieja que no se abrace
con una destas señoras,
son de gusto algunas horas,
cuál cansa, cuál satisface.

Sabios hay que se desvelan
por sacarles los sentidos,
y algunos quedan corridos
cuanto más sobre ello velan:
cuál es necia, cuál curiosa,

J. E. M. - Solo LENGUAJE (1 y 2)

cuál fácil, cuál intrincada,
pero sea o no sea nada,
decidme qué es cosa y cosa.
**Solución.** La adivinanza.

**PIEL O PAÑO.**
Soy de piel o paño gordo
y me adhiero a tu cuerpo,
para que no pases frío
cuando llega el invierno.
**Solución.** El abrigo.

**SUBE Y BAJA.**
Lana sube,
lana baja.
**Solución.** La navaja.

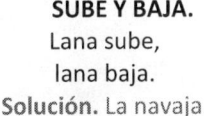

**JUEGOS DE LETRAS.** Basados en las pequeñas peculiaridades del lenguaje: anagramas, acrósticos, palíndromos, cuadrados de palabras, etc.

**PALABRA DEFECTUOSA.**
¿Qué palabra de quince letras pronuncian defectuosamente todos los locutores profesionales?
**Solución.** Defectuosamente.

**ARMONÍA HABEMUS.**
Para que un hombre se lleve bien con una mujer, solo necesita aprender cuatro letras del alfabeto.
¿Cuáles?
**Solución.** O, B, D, C.

**LETRAS SIN SENTIDO.**
¿Es Vd. capaz de encontrar el significado de las siguientes letras, aparentemente sin sentido?

ELBEEIAOIIARAOIS
SOEEABBYZEAELLOE
TDSRRAADQRDCAUNS
OELDRAJEUDEHSCEA

**Solución.** Esto lo debes leer de arriba abajo y de izquierda a derecha la solución es esa.

**TEST y acertijo coinciden en ser pruebas de inteligencia, pero el test con un carácter más serio y el acertijo, muchas veces, en forma burlesca.**

### DEFINICIÓN DE AMOR
*Como test:*

**Solución.** Es el pleito de la vida *(un abogado)*. Es un salto mortal *(un acróbata)*. Es una campaña cuyo plano deberá estudiarse seria y detenidamente *(un militar)*. Es una corriente eléctrica establecida entre dos corazones *(un físico)*. Es una precipitación de alucinaciones y de cegueras *(un químico)*. Es una obra muy difícil de interpretar porque tan pronto es drama como sainete, tragedia e incluso algunas veces, hasta música y poesía *(un actor)*. No es mirarse tan sólo uno al otro sino mirar los dos en una misma dirección *(un filósofo)*. Se identifica con Dios porque Dios es amor *(un cristiano)*. Es una enfermedad rara que requiere para cada caso un tratamiento especial *(un médico)*.

*Como acertijo:*

**Solución.** Roma al revés.

**DEFINICIONES JOCOSAS.**

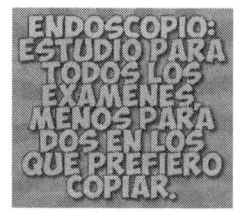

**Abrazo.** Frustración vertical de un deseo horizontal.

**Adúltero.** Aquel que se sale con la suya... y con la de otros.

**Amor.** Enfermedad temporal que se cura con el matrimonio.

**Arqueología.** Única ciencia cuyo futuro está en ruinas.

**Baraja francesa.** Baraja que utilizan los ingleses cuando juegan al póker americano. Está fabricada en España y en ella pone "Made in China".

**COLMOS.** Subrayan lo polisémico. Responden a la pregunta: ¿Cuál es el colmo de...?

**Un centinela.** Dar el alto a un bajo.
**La mala puntería.** Tirar al blanco y cargarse a un negro.
**Un artificiero.** Tener un carácter explosivo.

Un asesino. Matar el tiempo.
Un bodeguero. Llamarse Malvino Aguado y Caro.

**CÓMO SE DICE. Parodia de lenguas extranjeras. Responden a la pregunta: ¿Cómo se dice...?**

Abrir la puerta en alemán. Destranken.
Creo que estoy embarazada en africano. Bombo supongo.
Noventa y nueve en chino. Cachi chien.
Basurero en portugués. Ingeniero du carro da merda.
Bigote en italiano. Trampolino di moco.

**PARECIDOS. Son alternancias de estructuras fónicas y polisémicas. Contrarias a las diferencias. Responden a la pregunta: ¿En qué se parecen...?**

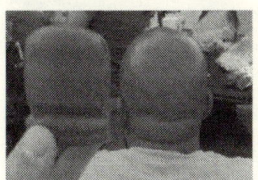

Un cómico malo y una mantecada de Astorga. A los dos hay que quitarles el papel.
El escote de una mujer y una serie de televisión. A todos nos gusta ver como sigue.
Una mujer y un piano. Los dos se desafinan según en las manos que caigan.
Un alpinista y un borracho. Ninguno de los dos va por buen camino.
El Atlético de Madrid y los indios. Acampan al lado de un río, y se pasan la vida detrás de los blancos.

**DIFERENCIAS. Son alternancias de estructuras fónicas y polisémicas. Contrarias a los parecidos. Responden a la pregunta: ¿En qué se diferencian...?**

Un manicomio y una guitarra. En el manicomio están sujetas las locas y en la guitarra las cuerdas.
Un mulato y un negro. En diez minutos de microondas.
Una pera y el tren. La pera es pera y el tren no espera.
Un árbol y un borracho. El árbol empieza en el suelo y termina en la copa. El borracho empieza en la copa y termina en el suelo.
Un coche viejo y un testigo de Jehová. Al testigo de Jehová le puedes cerrar la puerta.

J. E. M.   -   Solo LENGUAJE (1 y 2)

Algunas veces se intenta confundir con pequeñas ambigüedades del significado de las palabras.

### CAMINAR ALREDEDOR.

Un niño camina alrededor de un poste sobre el cual hay un mono, pero mientras el niño camina, el mono gira sobre el poste, de forma que siempre queda de frente al niño.

¿Camina el niño alrededor del mono?

**Solución**. Para poder dar la respuesta, es necesario saber el significado de "caminar alrededor".

Si se toman las palabras de "caminar alrededor" con su significado corriente, el niño, sí camina alrededor del mono.

Si "caminar alrededor" de algo se entiende, como el moverse de tal forma que nos permita ver todos sus lados, entonces la respuesta es negativa. En este caso un ciego no podría caminar alrededor de ninguna cosa.

Si "caminar alrededor" de algo se entiende como el ir de forma que, dado el sentido de la vista, pueden verse todos los lados, entonces la respuesta es negativa. En este caso no se podría caminar alrededor de un hombre que estuviera encerrado dentro de una caja.

Etc.

Todo el asunto es divertidamente estúpido, y si al comenzar se exige una sencilla y correcta definición de "caminar alrededor" ya no hay acertijo, y se evita una inútil y frecuentemente acalorada discusión.

A veces la pregunta que se hace, no parece a primera vista muy lógica.

### EL PAÍS 1.090.

¿Qué país se queda en 1090 si le quitamos las vocales?

**Solución**. MÉXICO. Queda MXC=1.090 al quitar las vocales.

J. E. M. - Solo LENGUAJE (1 y 2)

## LOS ACERTIJOS

En todos ellos hay algún elemento, oculto en el enunciado o la solución, que lo relaciona con el idioma, la lengua, la gramática, las letras, una librería, una papelería, el diccionario, el papel, un libro, un refrán, un proverbio, una frase curiosa, un nombre propio original, un enunciado al pie de la letra, etc., etc.

No debe Vd. asustarse si en algunos acertijos aparecen números, quizás tengan algo que ver con las letras, las sílabas... que los componen.

Algunas veces intentamos confundir con pequeñas ambigüedades del significado de las palabras.

Aparecen juegos de letras, anagramas, acrósticos, palíndromos, preguntas con trampa, búsquedas de palabras, expresiones populares curiosas, preguntas de gramática, palabras únicas, nombres originales, mensajes ocultos, preguntas de ortografía, series, charadas, pangramas, sinónimos, frases únicas, refranes, proverbios, sonetos, coplillas, poesías, retruécanos escogidos, cuadrados de palabras, etc.

La **numeración** de cada acertijo es la misma que tiene en la parte correspondiente de *"El GRAN LIBRO de los ACERTIJOS de ingenio"*.

### 4. LOS CANALES DE MARTE.

*Extraído de "Los Acertijos de Sam Loyd" (Martín Gardner)*

He aquí un mapa de las recién descubiertas ciudades y canales de nuestro planeta vecino más cercano, Marte.

Comience en la ciudad marcada con una N, en el polo Sur, y vea si puede deletrear una oración completa recorriendo todas las ciudades, visitándolas sólo una vez y regresando al punto de partida.

Cuando este acertijo apareció en una revista por vez primera, más de 50.000 lectores dijeron: *"No hay solución posible"*. Sin embargo, es un acertijo muy simple.

Archivo: **Los canales de Marte.ppt**

J. E. M. - Solo LENGUAJE (1 y 2)

## 8. LOS CUATRO DE LA FAMILIA.
La ficha adjunta contiene los nombres de cuatro personas de una misma familia.

| GERMAN |
| MANUEL |
| MARISA |
| ISABEL |

Es muy fácil separar unos nombres de otros mediante tres líneas rectas.

| GERMAN |
| MANUEL |
| MARISA |
| ISABEL |

Pero, ¿sabría Vd. separarlos con sólo dos líneas rectas?
Archivo: **Los cuatro de la famiia.ppt**

## 14. GRAN PALABRA.
¿Qué palabra tiene 5 sílabas y más de 20 letras?

## 18. TIRITANDO POR UNA VOCAL.
¿Cree Vd. que por culpa de una letra, vocal para más señas, se puede tiritar de frío?

## 24. DE NARICES.
*"Mi casa es grande de narices"*, *"mi vaca es grande de narices"*, etc., son exageraciones bastante usuales.
¿Qué frase al añadirle la expresión "de narices" no parece exageración?

## 28. LOS PÉTALOS.
Los pétalos de la flor adjunta esconden su propio nombre.
Han desaparecido las vocales.
¿De qué flor se trata?

## 34. FRASES PERFECTAS (1).

Rellene las siguientes frases donde y como corresponda.

a) "En esta oración hay exactamente ... sílabas".

b) "En esta frase, aunque no lo parezca, hay ... vocales".

c) "Si no se rinde: acá hay ... vocales y ... consonantes".

## 38. CURIOSIDADES DE SEMÁNTICA.

¿Verdaderas o falsas?

a) Cinco por cuatro veinte, más dos, igual a veintitrés.

b) Cinco por ocho cuarenta, más dos, igual a cuarenta y cuatro.

c) Diez por seis sesenta, más cuatro, igual a setenta.

## 44. UNA FRASE CORTA.

Forme Vd. una frase corta utilizando exclusivamente las siguientes letras:

## 48. TIPOTEANDO.

**Tipotear** es un verbo muy sencillo de descubrir.

No se puede tipotear en la calle, en la iglesia, en una oficina pública...

Se puede tipotear en el baño.
En la playa se puede, pero no del todo.
Hay que tener ropa puesta para poder tipotear.
Es imposible tipotear sin ropa.
¿Sabe ya Vd. lo que es tipotear?

J. E. M. - Solo LENGUAJE (1 y 2)

### 54. DE CAZA.
¿Cómo diría Vd. *"José y Francisco fueron a cazar con sus perros"* sin usar la letra r?

### 58. SIN ALGUNA DE SUS LETRAS.
Encuentre un nombre de persona tal, que no haya ningún otro nombre de persona que no lleve alguna de sus letras.

### 64. DEDICATORIA.
*"Con sincero sentimiento te dedico este libro en recuerdo de los tiempos del Instituto. Espero que te choque, en el primer momento, lo*

*premioso de mi envío, pero pronto notes que existe un motivo coherente con el contenido mismo del libro, y es que este escrito de remisión, que tiene porte corriente, es en sí mismo un torete que espero detectes y soluciones, diciendo por qué no es un escrito corriente y moliente, como pudiste creer".*

Esta dedicatoria, constituye un problema que tal vez pueda Vd. resolver.

### 68. QUITANDO LAS INNECESARIAS.
Si Vd. quita todas las letras innecesarias de la siguiente cadena de letras, le quedará una oración lógica.

**UNTOADASLORASLCETRIAONSILNNOECGIESACARIAS**

¿Será capaz de conseguirlo?

### 74. POETA INTERESADO.
*"Te amo, divino sol, y cuando tus ardientes rayos acarician nuestros cuerpos mi corazón se colma de alegría".*

La persona que pronunció esta larga frase, ¿cree Vd. que era verdaderamente un poeta?

J. E. M. - Solo LENGUAJE (1 y 2)

## 78. ALGO RARO, FUERA DE LO COMÚN.

En el párrafo que presentamos encontrará algo verdaderamente raro, algo fuera de lo común.

*no común*

¿Se atreve usted a detectarlo?

*"Lea letra por letra, palabra por palabra. No se apresure. Observe todo atentamente porque, a lo mejor, se le escapa algo. A nosotros nos costó bastante redactar este párrafo. ¿Lo encontró? ¡Eureka! Bueno, pero de todos modos, avance. Debe acabar de leer todo para acertar. Lo que nosotros no podemos hacer es echarle una mano porque se trata de aguzar su destreza personal. No obstante, estamos seguros de que, empeñado en resolver el problema, podrá lograrlo. Vamos. Ponga manos a la obra. Le damos todos los segundos que sean menester. Lo que podemos adelantarle (eso va por descontado) es que, cuanto más nos empeñamos en prolongar este párrafo, más arduo nos resulta dar otro paso. ¿No cae aún en la cuenta? Bueno. Eso es todo. Observe ahora atentamente. ¿No falta algo que normalmente suele haber cuando usted redacta algo? Parece que no. Pero no lo crea. La trampa está. ¿Trampa? No exactamente. Mejor hablemos de algo desusado. Búsquelo. La respuesta está allá atrás, en las hojas postreras. Pero, antes de consultarla, razone un poco más. Tal vez lo encuentre solo. Tal vez ya lo encontró".*

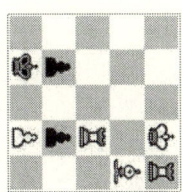

## 84. EXTRAÑA PARTIDA DE AJEDREZ.

Las siguientes anotaciones parecen corresponder a una partida de ajedrez:

**A1C - A2D - R1T - P3T - D14R**

Pero la última es más bien extraña.
¿De qué se trata entonces?

## 88. ÚNICO NÚMERO.

¿Cuál es el único número que tiene tantas letras como indica su cifra?

## 94. LA VACA EN LA BACA.

El profesor de lenguaje hace un dictado a sus alumnos:

J. E. M. - Solo LENGUAJE (1 y 2)

*"Sobre la baca del coche instalé la vaca suiza que compré en el mercado; pero cuando llegué a casa me di cuenta de que había perdido las dos ... ".*
¿Cómo se debe escribir la palabra final del dictado?

### 98. SIETE LETRAS.
Siete letras tiene mi nombre,
que siete nombres esconde,
dos de varón y cinco de mujer.

¿Qué nombre es?

### 104. LOS DÍAS DE LA SEMANA.
¿Sabría Vd. decir todos y cada uno de los días de la semana sin citar ninguno de ellos por su propio nombre?

### 108. PALABRAS OCULTAS.
¿En qué regiones de España
encontrarás la silueta
de tres nombres de mujeres
escritos entre sus letras?

### 114. NUNCA DEBE PRONUNCIARSE.
¿Qué palabra de nuestro vocabulario nunca debe pronunciarse?

**118. EN LA SALA Y EL COMEDOR.**
¿Qué hay repetido en cualquier sala que no está en el comedor?

**124. DE CUATRO Y SEIS.**
¿Qué palabra de cuatro letras contiene seis?

**128. SOPA DE LETRAS.**
Dada la frase **"ROJA ES LA ROSA, AZUL LA VIOLETA"**, escribimos una debajo de otra todas las palabras:
ROJA
ES
LA
ROSA,
AZUL
LA
VIOLETA
Ahora leyendo en columna, comenzando desde la izquierda, se obtiene:
RELRALVOSAOZAIJSUOAALL,ETA

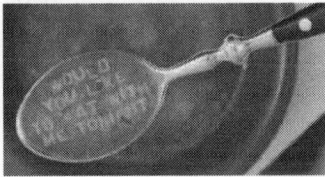

Halle la frase que, desordenada según el procedimiento anterior se transforma en:
SUCNHEEÓONOOASLLLASYVOA.IDO

J. E. M. - Solo LENGUAJE (1 y 2)

### 134. UNA SOLA PALABRA.
Reordene las letras de:

## PALA URBANA SOLA

para formar una sola palabra que no sea nombre propio ni voz extranjera.

### 138. FRASES AUTORREFERENTES.
Son frases que hablan de sí mismas.
Las hay falsas y también verdaderas.
La siguiente es verdadera:
"ESTA FRASE TIENE DOCE LETRAS DISTINTAS"
Intente hacer una frase verdadera con esta otra:
"ESTA FRASE TIENE ... LETRAS DIFERENTES"

### 144. DOS PALABRAS.
Si Vd. busca trabajo, hay dos palabras que le abrirán muchas puertas.
¿Cuáles son?

### 148. POSTRE QUE MATA.
Se puede comer de postre,
y se usa para matar;
la han pintado en un escudo,
y es también una ciudad.
¿Se trata de...?

### 154. MENSAJE SECRETO.
El siguiente mensaje fue interceptado por el servicio de espionaje de los Estados Unidos.

**EN VIAJE TAL RES CATEDEL OSA MI GOSRU ¡SOS!**

¿Qué es lo que dice?

J. E. M.   -   Solo LENGUAJE (1 y 2)
## 158. ¿CUÁL ES LA AMADA?

Un joven "tontea" con tres hermanas.
Hasta que estas un día le presentan un ultimátum: debe decidirse por una.

El joven les contesta con un escrito que al día siguiente les entrega en mano. Al tiempo que les anuncia que debiendo marchar urgentemente de viaje no ha podido puntuar la respuesta, encargando a ellas que coloquen los correspondientes signos.

Se marcha y las mozas se lanzan esperanzadas sobre el papel, cuyo contenido viene en verso. Leen:

*Juana Teresa y Leonor*
*puestas de acuerdo las tres*
*me piden diga cuál es*
*la que prefiere mi amor*
*Si obedecer es rigor*
*digo pues que amo a Teresa*
*no a Leonor cuya agudeza*
*compite consigo ufana*
*no aspira mi amor a Juana*
*que no es poca su belleza.*

Teresa lo vio claro: ella era la elegida. La puntuación obligada era:

*Si obedecer es rigor,*
*digo, pues, que amo a Teresa.*
*No a Leonor, cuya agudeza*
*compite consigo ufana.*
*No aspira mi amor a Juana,*
*que no es poca su belleza.*

Leonor le respondió que había más signos en la gramática además del punto y de la coma.

¿Qué les parecería esto a sus hermanas?

*Si obedecer es rigor,*
*¿digo, pues, que amo a Teresa?*
*No. A Leonor, cuya agudeza*
*compite consigo ufana.*
*No aspira mi amor a Juana,*
*que no es poca su belleza.*

Entonces Juana, alertada por las interrogaciones introducidas por Leonor y atendiendo al piropo que el galán le dedicaba, discurrió que ella era la elegida y que el versillo podía puntuarse así:

*Si obedecer es rigor,*

J. E. M. - Solo LENGUAJE (1 y 2)

*¿digo, pues, que amo a Teresa?*
*No. ¿A Leonor, cuya agudeza*
*compite consigo ufana?*
*No. Aspira mi amor a Juana,*
*que no es poca su belleza.*

Con lo que el enigma no se aclaraba.

Hubieron de esperar al regreso del joven, que demostró ser un frescales, falto sobre todo de delicadeza.

Teniendo en cuenta que ninguna de las tres era la elegida, ¿cuál sería la puntuación del verso?

### 164. MÁS VALOR.
¿Qué letra agrega más valor a una pera?

### 168. FRASES PERFECTAS (2).
Rellene las siguientes frases dónde y cómo corresponda.

a) **"Esta frase tiene ... vocales"**. ¿Qué número (expresado en letras) hay que poner para que resulte verdadera?

b) **"Esta frase no tiene ... consonantes"**. ¿Qué número (expresado en letras) hay que poner para que resulte falsa?

c) **"Esta frase no tiene ... letras"**. ¿Qué número (expresado en letras) hay que poner para que resulte falsa?

d) **"Esta frase tiene ... vocales y ... consonantes"**. ¿Qué números (expresado en letras) hay que poner para que resulte verdadera?

### 174. CON WINDOWS.
¿Qué palabra de cinco letras tiene tres consonantes iguales, dos vocales diferentes y Vd. ve muy a menudo mientras trabaja con su PC utilizando Windows?

### 178. UNA BROMA.
¿Sabe Vd. hacer una broma con las ocho letras de BRUNO AMA, reordenándolas convenientemente?

J. E. M.  -  Solo LENGUAJE (1 y 2)

### 184. LENGUA MACHISTA.
¿Por qué el castellano es una lengua machista?

### 188. TACHANDO LETRAS.
Tachando diez letras de **"ODICEULZLTETARAS"** queda la palabra oculta que Vd. debe descubrir.
¿Se atreve?

### 194. ORIGINAL.
¿Qué tiene de original la siguiente frase?
**"Así no se puede hacer nunca nada"**

### 198. TOCAN A DORMIR.
¿Qué hay exactamente en medio de cada almohadón?

Puede verse claramente, pero no oírse.

### 204. JEROGLÍFICO.
Si no estudiamos, ¿cómo vamos?

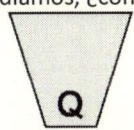

### 208. ANTE UN LAMENTO, DOS.
Si ponemos dos ante un lamento tendremos la solución.

## DOS - Lamento

¿De qué se trata?

### 214. NOMBRE DE HOMBRE.
¿Sabe Vd. un nombre de hombre, de ocho letras, que empieza por m y termina por rio?

J. E. M. - Solo LENGUAJE (1 y 2)

**218. NO SE ACENTÚA.**
¿Qué palabra esdrújula no se acentúa?

**224. LA AMBIGÜEDAD.**
Se define la ambigüedad como un doble sentido por diversas interpretaciones semánticas por polisemia (varios significados de una misma palabra) u homofonía (diferentes palabras con idéntico sonido).

Son múltiples los juegos de palabras, chistes, frases ingeniosas y demás que se basan en la ambigüedad.

Veamos un ejemplo:

EL TESTAMENTO

Historia sobre dos hermanos avariciosos, su hermano pequeño y un padre moribundo dispuesto a escarmentar a sus hijos mayores.

Tras morir el padre, el notario leyó el testamento que decía: *"Dis-*

*pongo que después de mi muerte sean mis dos hijos mayores los que dividan la herencia en las partes que consideren convenientes y que sean estas del tamaño que ellos juzguen apropiado. Y dejo a mi hijo pequeño lo que ellos quieran".*

Los dos mayores deciden quedarse con la mayor parte de la herencia y para ello la dividen en tres partes. Una de ellas mínima para el hermano pequeño y el grueso de la herencia dividido en dos enormes partes iguales para ellos dos.

Comunican al notario su decisión y tras la pertinente firma de documentos este les hace saber que las dos partes grandes son para el hermano pequeño y que a ellos les ha correspondido la parte más exigua.

*Los hermanos mayores:* ¡Cómo es ello posible! ¿No piensa cumplir las palabras de nuestro padre?

¿Qué cree Vd. que les dijo el notario?

J. E. M. - Solo LENGUAJE (1 y 2)

### 228. UNA, DOS Y NUNCA.
¿Qué ocurre una vez cada minuto, dos veces en un momento y nunca en cien años?

**1-2-NUNCA**

### 234. ESTÁ Y NO ESTÁ.
¿Qué es lo que se encuentra en el universo, en el firmamento, en el cielo, en la tierra, en los océanos y mares y en el orbe terráqueo, pero que no está en el mundo?

### 238. PALABRA EXTRAÑA.
¿Qué palabra es extraña entre las siguientes?

**MIDO - LADO - MIRE - SOLDO - FÁCIL**

### 244. MENSAJE OCULTO.
En el cuadro 4x4 adjunto había anotado un mensaje, que podía leerse de izquierda a derecha y de arriba abajo, pero fue extraído letra a letra.

|      |      |      | ENSU |
|------|------|------|------|
|      |      |      | EMNS |
|      |      |      | AEFJ |
|      |      |      | ACIL |
| AAEM | CEJS | EINU | FLNS |

En cada línea horizontal y vertical están en orden alfabético, las letras que allí estaban, las cuales hay que volver a ponerlas en el cuadro y así reconstruir el mensaje.

### 248. EXTRAÑO SER.
Aparece al comenzar el día, se ausenta por la noche. Lo encontramos en la oscuridad y no lo vemos con luz.
¿Quién es este extraño ser?

### 254. EL TIEMPO SIN TI.
Mi amigo Carlos le decía a su novia: *"Para mí, el tiempo sin ti no es tiempo"*.

J. E. M.   -   Solo LENGUAJE (1 y 2)

## SIN TI

¿Sabe Vd. por qué?

### 258. QUITANDO SEIS LETRAS.

En la línea de letras que damos a continuación, táchense seis letras para que las restantes, sin alterar su orden, deletreen una palabra corriente en español:

**P-S-L-E-Á-I-T-S-L-E-A-T-R-N-A-O-S**

### 264. REORDENANDO REPETIDAS.

Reordenando las letras de EN+EN formamos NENE.
Reordenando las de AM+AM formamos MAMA.
Reordenando las de AR+AR formamos RARA.
Reordenando las de OS+OS formamos SOSO.

**reordenando**

Encuentre Vd. la palabra que se forma reordenando:

SEGAR+SEGAR
QUILOS+QUILOS
CORISTA+CORISTA
GERA+GERA
BILA+BILA
METRO+METRO
LAR-LAR.

### 268. NÚMEROS ROMANOS.

Sin utilizar signos aritméticos, escriba Vd. 1.000 con tres números romanos.

**M+M-M (no)**

### 274. ENCAJEMOS.

*Grupo 1:* FÁCIL, ABEJA, DAGA.
*Grupo 2:* PUÑO, SOYUZ, SUSTO.

J. E. M. - Solo LENGUAJE (1 y 2)

## G1 (HIJA) G2

La palabra HIJA encaja bien en alguno de los grupos.
¿En cuál?

### 278. QUITAR LOS DOS TERCIOS.
¿Qué número, si se le quitan los dos tercios, da cero?

$$-2/3$$

En el último momento, el conductor logra esquivar al peatón y evita así un terrible accidente.
¿Cómo se las arregló para verlo?

### 284. VEN A MIRAR.
¿Qué lógica matemática sigue la siguiente frase?
**"Ven y mira y sigue añadiendo al viejo factor más..."**

## VEN A MIRAR

### 288. PRECIOSA POESÍA.
¿De qué se habla en la siguiente poesía?
*Dime, si eres entendido,
esto cómo puede ser;
ni tres son menos que cuatro,
ni dos son menos que tres.
Dos son tres si bien se advierte;
tres son cuatro si se mira;
cuatro seis, y de esta suerte,
seis son cuatro sin mentira.*

## 3, 4, 2, 6

### 294. UNA VEZ EN LA VIDA.
"Ocurre dos veces durante nuestra existencia, mas sólo una vez en la vida".

## SÓLO UNA VEZ

¿A qué cree Vd. que se refiere el sabio con esta extraña máxima?

### 298. EL PAÍS DE MI SOBRINO.

En un país imaginario inventado por mi sobrino hay solamente una ley.

Esta ley permite que haya mujeres pero no hombres; aunque puede haber nenes y nenas.

Se pueden comer salchichas y pizzas, pero no carne ni pescado.
Hay pimienta, pero no sal.
Hay tomates, pero no peras.
Hay coches, pero no patines.
Hay ventanas, pero no puertas.
Etc.
¿Cuál es esa única ley?

### 304. EL MEJOR AMIGO (1).

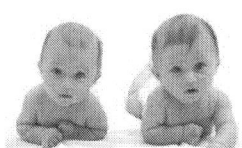

Si el mejor amigo de Jesús es Mario, el mejor amigo de Manuel es Pío y el mejor amigo de Marcelo es Luis.

¿Quién es el mejor amigo de Ricardo?

**Tomás, Rubén, Carlos, Andrés, Marcos**

### 308. CON LAS LETRAS "U" Y "E".

Comienzo con la letra u, termino con la letra e y a pesar de todo contengo solamente una letra.

U......E

¿Quién soy?

### 314. PALABRA MUTANTE.

Soy una bebida.
Cambie una letra y me convierto en un árbol.
Cambie una letra y me convierto en el suelo de su casa.
Cambie una letra y encontrará el camino entre las montañas.
Cambie una letra y podrá beber lo que originalmente fui.

AIONPSV

¿Qué era y en que me he transformado?

J. E. M.   -   Solo LENGUAJE (1 y 2)

### 318. NO MEDIO DE TRANSPORTE.
**NOIAV, OCABR, OTRELUSB, EAMS, ELEIRTFEOC.**
Cuatro ocultan el nombre de un medio de transporte.

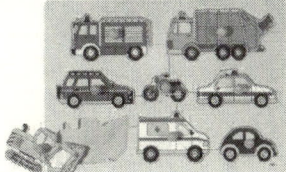

¿Cuál es la otra?

### 324. CON LA LETRA "E".
Comienzo con la letra e, termino con la letra e, contengo solamente una letra y a pesar de todo, no soy la letra e.

E......E

¿Quién soy?

### 328. BUSQUE UNA PALABRA.
Del texto **"UDNOASPLAETLARBARSA"**, elimine dos letras para formar una palabra.

-2 letras

¿Es capaz Vd. de hacerlo?

### 334. EL MEJOR AMIGO (2).
La mejor amiga de ELISA es ELVIRA, el mejor amigo de RAMÓN es TOMÁS y el mejor amigo de MARCOS es CARLOS.
¿Quién es el mejor amigo de RAQUEL?
**ANDRÉS, MODESTO, SAMUEL, IGNACIO, MARTA**

### 338. CON SENTIDO.
"Un X es un Y, pero un Y no es un X".

X es Y, Y no es X

Substituya Vd. X e Y por palabras para hacer que la oración tenga sentido.

### 344. DICHOSA SEA LA HORA (1).

Tres jovencitas llegan con sus mochilas y petates al hostal de un pueblo.

El recepcionista comprueba el libro de registro y les comunica que no tiene una habitación para ellas.

¿Qué hora es?

### 348. DE VIAJE.

¿Qué hay siempre en el centro de París que no se puede encontrar ni en Múnich ni en Milán?

### 358. COMO LA MUERTE.

¿Qué letra es como la muerte?

### 364. CARACTERÍSTICA COMÚN.

Los números 4, 15, 20 y 2.000 tienen una característica que no posee ningún otro número.

¿De qué característica se trata?

### 368. VAYA CRITERIO.

Siguiendo un criterio lógico, se tachan los números naturales que no cumplan ese criterio.

¿Cuál es ese criterio lógico, si al final quedan únicamente los números 1, 2 y mil?

### 374. TACHANDO.

Tache las letras sobrantes y quedará un verso célebre:

**LUNASVELERTSORASSCOEBLREANBTRESE**

- sobrantes

J. E. M. - Solo LENGUAJE (1 y 2)

### 378. A TOMAR EL TÉ.
Todas las letras del abecedario (A,B,C,...), han de ir a casa de una de ellas, a las cinco de la tarde, a tomar el té.
¿Qué letras llegarán tarde y por qué?

### 384. ENCUENTRO, NO ENCUENTRO.
La encuentro en una semana.
También la encuentro en un mes.
Mas no la encuentro en un año.
¿Sabría decirme qué es?

### 388. HABLAR BIEN.
¿Cómo decir: siete y cinco son trece o siete más cinco son trece?

### 394. EL FIN DEL GRAPO.
¿Qué ocurrirá cuando desarticulen al GRAPO?

### 398. SÓLO UNA.
Reordene las 19 letras siguientes para formar con ellas solamente una palabra:

### 404. SEIS VECES.
¿Qué palabra contiene la vocal "e" repetida seis veces?

e-e-e-e-e-e

### 408. PAÍS AFRICANO.
¿Qué país africano de 7 letras, tiene por nombre en inglés el que resulta de intercambiar la segunda y la quinta letras de su nombre en castellano?

J. E. M.  -  Solo LENGUAJE (1 y 2)

### 414. NOMBRE MÁS LARGO.
De los números del 1 al 1.000, ¿cuál es el que tiene en el nombre la mayor cantidad de letras?

*el más largo*

### 418. PLANTA ROMANA.
Existe una planta cuyo nombre está formado totalmente por números romanos.

| | | |
|---|---|---|
| 1 | = | I |
| 5 | = | V |
| 10 | = | X |
| 50 | = | L |
| 100 | = | C |
| 500 | = | D |
| 1.000 | = | M |

¿Qué planta es?

### 424. FAMOSO PROVERBIO.
Se muestra a continuación un proverbio muy conocido con las consonantes quitadas.

U*A  *U**A*A  A  *IE**O  A*O**A  *UE*E

¿De qué proverbio se trata?

### 428. TRES SÍLABAS, TRES LETRAS.
¿Conoce Vd. alguna palabra del idioma castellano que sea trisílaba y tenga sólo tres letras?

### 434. SOND y SOND.
Las letras iniciales de los números 7, 8, 9 y 10 forman la secuencia SOND.

¿Las iniciales de qué otros cuatro elementos, tomados también en orden, dan la misma secuencia?

J. E. M.  -  Solo LENGUAJE (1 y 2)

### 438. QUÍMICA SIMBÓLICA.

Con los símbolos de los elementos químicos que se muestran forme el nombre de otro elemento químico.

### Oxígeno - Oxígeno - Tántalo - Silicio – Fósforo

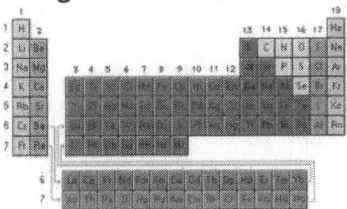

### 444. CURIOSO NOMBRE.

¿Cuál es el nombre de persona masculino, de cuatro sílabas ABCD, que reordenándolas a CDAB, vuelve a ser otro nombre de persona, también masculino?

### 448. LOS TRES CIENTÍFICOS.

El nombre y primer apellido de tres científicos se han escrito sin vocales:

SCNWTN  -  LBRTNSTN  –  LSPSTR

Encuentre las vocales que faltan y descubra de qué tres grandes científicos se trata.

### 454. ENIGMA ESCONDIDO.

Descubra el enigma escondido en los siguientes versos de Cristóbal Pérez Herrera:

Estoy de discreción rica:
ningún necio me entendió.
Y si el ingenio se aplica,
gustará quien me leyó.
Mi principio significa
a cualquiera, quién soy yo.

J. E. M. - Solo LENGUAJE (1 y 2)

### 458. BUSCANDO NÚMEROS.
¿Los nombres de qué tres números naturales no tienen ninguna letra en común?

## no en común

### 464. EL LITERATO.
Las letras del alfabeto que faltan, le permitirán descubrir el nombre de un célebre literato.

## B F G H J K M N Ñ P Q T U V X Y Z

### 468. PEZ Y AVE.
¿Cuál es el nombre de un pez que quitándole la letra n de su nombre queda el de un ave?

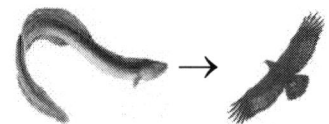

*Pista: Basta con observar la figura.*

### 474. NOMBRES PROPIOS.
Encuentre nombres propios femeninos que, añadiéndoles alguna/as letras a continuación, nos den otros nombres propios masculinos.

## fem a masc

*Ejemplos:* EVA-RISTO, ANA-STASIO...

### 478. ECUACIÓN ORIGINAL.
Resuelva la siguiente ecuación:

**Apellido + Animal = Animal**

*Ayuda: El apellido es muy corriente.*

J. E. M. - Solo LENGUAJE (1 y 2)

### 484. ESTÁ EN GALICIA.

Es curioso, estando presente en "muchos inventos", pertenece a "las cuatro provincias gallegas", sigue aún "en vigencia" y suele ser pequeño en Pontevedra y grande en Vigo.
¿De qué se trata?

### 488. CURIOSO PÁRRAFO.

¿Qué observa Vd. en el siguiente párrafo?
"I'm curious how quickly you can find out what is so unusual about it? It looks so plain you would think nothing was wrong with it! In fact, nothing is wrong with it! It is unusual though. Study it, and think about it, but you still may not find anything odd. But if you work at it a bit, you might find out! Try to do so without any coaching!".

### 494. GEOGRAFÍA DISJUNTA.

Lo más usual es que el nombre de un país y el nombre de su capital compartan una o más letras.
*Ejemplo:* Ecuador y Quito comparten la U y la O.
Un caso donde no hay letras compartidas es Perú-Lima.
En América del Sur hay otro caso sin letras compartidas.
¿Sabe Vd. cuál es?

### 498. ROMANO MÁS LARGO.

¿Qué número comprendido entre 1 y 1.000 necesita más letras para ser representado según la numeración romana?

### 504. BUSQUE LA ORIGINAL OMISIÓN.

¿Un unicornio en Pekín? -Preguntó el señor Wilson.
Observe bien y no se equivoque. -Sugirió Zun Yun Chin.

Oh, perdón. Bien visto, eso no es un cuerno.
Muy justo. ¿Entonces?
No es Pekín, sino México.
Perfecto. ¿Y el unicornio?
¡Demonios! ¡Es sólo un sueño!
¿Y qué es lo que en este cuento se omite?
No lo sé. Pero, por Dios, ¡Déjeme seguir durmiendo!
¿Puede Vd. descubrir lo que se omite en el cuento?

### 508. CURIOSO APELLIDO.
Hay un apellido en España cuyo contrario es un animal.
¿De qué apellido se trata?

### 514. ¿SABE VD. ITALIANO?

¿Sabe Vd. cómo se dice: *"trasplante de piel, en italiano"*?

### 518. COMO EL AÑO NUEVO.
¿Qué letra es como el año nuevo?

### 524. NOMBRE PROPIO.
Resuelva esta sencilla adivinanza:
*En marcar está el comienzo
y en mentir está el final,
el final es el comienzo
y el comienzo es el final,
solucione este problema
y mi nombre acertará.*

J. E. M. - Solo LENGUAJE (1 y 2)

### 528. LOS REFRANES.

¿Cuál de los refranes siguientes tiene un sentido más próximo al de la frase "El hábito no hace al monje"?

    a)   El que tiene tejado de vidrio, no tire piedras a su vecino.
    b)   Ojos que no ven, corazón que no siente.
    c)   Donde fuego se hace, humo sale.
    d)   No es oro todo lo que reluce ni harina lo que blanquea.

### 534. CUATRO HERMANOS.

En la ficha adjunta se pueden ver los nombres de cuatro hermanos.

```
ROGER
LAURA
PEDRO
PAULA
```

Es muy fácil separar unos nombres de otros mediante tres líneas rectas.

```
ROGER
LAURA
PEDRO
PAULA
```

Pero, ¿sabría Vd. reordenarlos y separarlos con sólo dos líneas rectas?

### 538. GUSTOS EXTRAÑOS.

Mi compañero de oficina tiene unos gustos muy extraños.
- Le gusta el color azul pero no le gusta el rojo.
- Le gusta el agua y no el vino.
- Le gusta estar enfermo más que estar sano.
- Le gustan los entremeses y no el pescado.
- Prefiere llevar un paraguas antes que un chubasquero.
- Prefiere portugueses antes que franceses.
- Duerme en un sofá en lugar de la cama.
- Etc.

Conociendo parte de sus gustos, ¿cree Vd. que le gustarán los tomates o los aguacates?

### 544. VAYA PLURAL.
¿Cuál es el plural de la palabra intríngulis?

EL PLURAL

### 548. PARA LUCIR LAS BOTAS.
Usando tres notas musicales y una preposición, ¿qué se puede hacer con unas botas rotas para poderlas lucir?

### 554. DE ANIMALES VA LA COSA.

M-U-N-U-A-R-N-C-U-E-M-L-A-A-G-L-O

Quitando las letras que forman un animal le quedará otro.
Sin embargo, el juego no tiene dos soluciones.
¿Cómo puede ser?

### 564. ONE, TWO, THREE, ....
Si Vd. enseña a alguien los números en inglés, ¿en qué número aparece por primera vez la letra "a"?

LA PRIMERA "A"

### 568. PRIMERO...
¿Qué letra sigue en la siguiente serie?

### 574. UNA, DOS, TRES, ....
Yo tengo una, usted tiene dos, mi madre tres, mi abuelo cuatro, el presidente cinco...
¿Quién soy?

J. E. M. - Solo LENGUAJE (1 y 2)

### 578. FAMOSO MONÓLOGO.
¿Qué famoso monólogo comienza por la conocida expresión lógico-simbólica siguiente?

$$2 B \vee \sim 2 B = ?$$

### 584. PALÍNDROMO MÁS LARGO.
¿Cuál es la palabra capicúa (palíndromo) más larga? Define, según el diccionario, "examinar con cuidado a una persona o cosa".

### 588. ENUNCIADO Y SU CONTRARIO.

*"Esta frase consta de siete palabras".*

Es claro que su enunciado es falso, ya que consta de seis.

Por tanto, su contrario debería ser verdadero. ¿Es esto correcto?

### 594. DÍAS CONSECUTIVOS.
¿Puede Vd. nombrar tres días de la semana consecutivos sin usar las palabras lunes, martes, miércoles, jueves, viernes, sábado y domingo?

### 598. ADIVINANZA MUY DIFÍCIL.
Encuentre una palabra que contenga cinco veces la letra i.

$$i, \quad i, \quad i, \quad i, \quad i$$

*Advertencia: Si no se busca con mucha disciplina, la solución es muy difícil.*

### 604. EN LA ESCUELA.
Calcule el siguiente elemento de la serie:

$$u, d, t, q, c, s, s, h, n, \ldots$$

J. E. M. - Solo LENGUAJE (1 y 2)

### 608. DOS VECES ESDRÚJULA.
¿Qué palabra es dos veces esdrújula?

### 614. LA MONJA.
¿Qué particularidad presenta la siguiente frase?
*«Así mal oirá sor Rosario la misa»*

### 618. DE QUEVEDO.
Con un ciento y un cinco, cincuenta y cero, se consigue en la corte cualquier empleo.
Coge la pluma y en números romanos, dime la suma.

### 624. JULIA ROBERTS.
La estupenda actriz Julia Roberts, además de tener belleza, elegancia, fama, talento y riqueza, tiene algo que enseguida salta a la vista.
¿Sabe Vd. qué es?

### 628. LA TOGA.
¿Qué particularidad presenta la siguiente frase?
*«Agotada se puso su pesada toga»*

### 634. MIDIENDO CON VARAS.
La vara es una medida de longitud, ya en desuso, que equivale a 835'9 mm.
¿Qué palabra mide más que una vara?

J. E. M. - Solo LENGUAJE (1 y 2)

### 638. JAMÁS DEBE PRONUNCIARSE.
¿Qué palabra de nuestro extensísimo vocabulario jamás debe pronunciarse?

*Jamás*

### 644. NÚMERO CON CINCO VOCALES.
Se nos ocurrió buscar el número más alto que tenga en su nombre las cinco vocales, sin repetirlas.

*a e i o u*

Tras mucho pensar, llegamos al 91.000 (noventa y un mil). ¿Habrá otros?

### 648. CUATRO SEGUIDAS.
Sin transgredir las reglas de ortografía, construir al menos tres palabras del idioma castellano, que contengan cuatro consonantes seguidas.

### 654. UNO BREVE.
¿Qué palabra del idioma castellano, de cinco letras, se hace más breve al añadirle más?

### 658. ORDENANDO NÚMEROS.
Ordene los números del 1 al 9 de modo que el nombre de cada número tenga una y solamente una letra en común con el nombre del anterior.

*uno, dos, tres...*

### 664. LETRAS Y NÚMEROS.
¿Qué letra sigue en la siguiente serie?

**C, D, I, L, M, V, ...**

J. E. M. - Solo LENGUAJE (1 y 2)

### 668. QUITAR LA SÍLABA DEL MEDIO.
¿Cuál es la palabra de tres sílabas a la que puede quitarse la del medio sin que pierda su significado?

### 674. NOMBRE PROPIO + ANIMAL.
No es fácil pasar a la historia asociando el nombre propio al de un animal. Ni Walt Disney ni el comandante Cousteau lo consiguieron.

Sin embargo, hay muchos que lo han conseguido sin proponérselo. Damos a continuación una lista de ellos.

- Tarzán y los monos.  Caperucita y el lobo.
- Jonás y la ballena.  Androcles y el león.
- San Bernardo y el perro.  Guisando y el perro.
- La Loles y el conejo.  Mª Jesús y los pajaritos.

¿Sabría Vd. continuarla aunque sea de forma humorística?

### 678. CAFÉ O CERVEZA.
Merce, Elena y Teresa toman café.
Bertín, Eva y Daniel beben cerveza.

Usando la lógica, Manolete, ¿toman café o beben cerveza?

### 684. NO GRAVE.
¿Qué es lo contrario de grave?

J. E. M. - Solo LENGUAJE (1 y 2)

### 688. CAMBIAR AL CIERVO.

¿Qué hay que cambiarle a un ciervo para que se transforme en otro animal?

### 694. DE MILENIOS.

Cómo debe decirse:

**2º milenio**

a) El segundo milenio comenzó el 1 de enero de 2000.
b) El segundo milenio comenzó el 1 de enero del 2000.
c) El segundo milenio comenzó el 1 de enero de 2001.
d) El segundo milenio comenzó el 1 de enero del 2001.

### 698. FRASE INCOMPLETA (1).

Las palabras de la frase "**a la luz todo tiene ... violeta**" están ordenadas lógicamente y sólo una de estas: **color, aspecto, pelaje**, la puede completar.
¿Cuál de ellas?

### 704. COMO UNA ISLA.

¿Qué letras son como una isla?

### 708. ¿QUÉ NÚMERO QUITARÍAS?

Este acertijo es tramposo,
piense antes de responder,
seguro que se equivoca,
si lo mira del revés,
por eso yo le aconsejo,
que procure leerlo bien.
¿Qué número quitaría,
sin borrarlo del papel,

J. E. M. - Solo LENGUAJE (1 y 2)

de la palabra decretos,
para quedarse con tres?

### 714. TRES VECES MAR.
¿Qué mar es tres veces mar?

### 718. PALABRA INCORRECTA.
¿Qué palabra de 15 letras todos los licenciados en filología por la Universidad de Salamanca escriben incorrectamente por mucho que se empeñen en escribirla correctamente?

### 724. FRASE INCOMPLETA (2).

Las palabras de la frase "**Perro callejero posee innumerables ...**" han sido elegidas de acuerdo a una regla lógica y sólo una de estas: **pulgas, accesorios, ilusiones, vocaciones**, la puede completar.
¿Cuál de ellas?

### 728. COMPARANDO AÑOS.
De una cosa tuvo más 1984 que 1985.
Sí, un día más, por haber sido bisiesto.
¿De qué otra cosa ha tenido 1984 una más que 1985?

### 734. FRASE INCOMPLETA (3).
Las palabras de la frase:
"**Clotilde nunca quiere traer consigo ...**"
han sido elegidas de acuerdo a una regla lógica y sólo una de estas:
**PERCHAS, GATOS, ALMIDÓN, AGUA,**

la puede completar.

¿Cuál de ellas?

### 738. HABLAR CORRECTAMENTE.
Para los que les importa hablar correctamente, ¿cómo se debe decir, la yema es blanca o la yema está blanca?

¿es? ¿está?

### 744. PALABRA ERÓTICA.
¿Cuál es la palabra más erótica que existe?

### 748. EL SEGUNDO DÍA.
¿Cómo debe pronunciarse: "el segundo día de la semana es martes"; o "el segundo día de la semana es el martes"?

¿es X? ¿es el X?

### 754. SOBRE RUEDAS.

¿Qué es lo que hay exactamente siempre en la mitad de un tranvía?

### 758. CUATRO ES LA MITAD DE CINCO.
Mi primo dice que es cierto.

¿4 = 5/2?

¿A Vd. qué le parece?

J. E. M.  -  Solo LENGUAJE (1 y 2)

**764. GRANUJA, GAMBERRO Y VILLANO.**
Un granuja hace granujadas, un gamberro hace gambe- rradas y ¿un villano?

**768. LAS MÁS LIMPIAS.**
¿Qué letras son las más limpias del abecedario?

**774. CADENCIA.**
¿Qué ocurre dos veces en miércoles, una en martes y ninguna en sábado?

**778. NÚMEROS ALFABÉTICOS.**
Imagine que tiene ordenados alfabéticamente los números del uno al mil.

La lista es la siguiente: 14, 100, 114, 105, 150, 155, etc.
¿Cuál es el último de la lista?
Si la lista va del 1 al 2.000, el último de la lista sigue siendo el mismo.
¿Hasta qué número habrá que extender la lista para que el último, alfabéticamente, sea otro?

**784. COCHES NEUTRALES.**
¿Qué marca de coches es considerada como neutral?

**788. PARA QUEDARSE HELADO.**
¿Qué palabra contiene la vocal "a" repetida seis veces?

a a a a a a

**794. DICCIONARIO ALFABÉTICO.**
El diccionario que compré esta tarde es meticuloso como ninguno. Se toma tan a pecho lo del orden alfabético que en vez de anotar las pala- bras tal como son, reordena antes sus letras alfabéticamente.

J. E. M. - Solo LENGUAJE (1 y 2)

Por ejemplo, la palabra EJEMPLO figura como EEJLMOP.
¿Cuáles serán sus dos últimas palabras?

### 798. PLEONASMO.
(Redundancias de nuestra lengua)

Pleonasmo, es el empleo de palabras innecesarias que no añaden nada al mensaje y que se usan para enfatizar una idea.

Llegan a formar locuciones o combinaciones de muy frecuente uso, en el que el significado del segundo término ya está expresado por el primero. Así, es bastante común la unión de sustantivo y adjetivo, en la que el determinante califica al nombre con una cualidad inherente a su propia naturaleza.

**redundancias**

Algunos ejemplos son:
*Bajar para abajo.*
*El hombre humano.*
*El pez acuático.*
*La vista del ojo.*
*Los dientes de la boca.*

**pleonasmo**

Escriba Vd. alguno más.

### 804. DENTRO Y FUERA.
¿Qué es lo contrario de "no estoy dentro"?

### 808. SOBRE LAS PANVOCÁLICAS.
Las palabras panvocálicas son las que usan las cinco vocales sin repetirlas: acuífero, aurífero, aguileño, eucalipto, orquídea, meditabundo, murciélago, conceptuáis, simultáneo, etc.

**a e i o u**

¿Podrá Vd. aumentar esta lista?
Claro, con palabras aceptadas por el diccionario de la Real Academia. Pueden ser verbos conjugados, pero no nombres propios.

### 814. "DAD" - "ION".

Escriba una palabra que comience y termine por "dad".
Escriba otra que comience y termine por "ion".

**DAD - ION**

### 818. SATISFECHO Y CONTENTO.

Según el diccionario de la Real Academia, «satisfecho» y «contento» son sinónimos, es decir, quieren significar lo mismo.
¿Sabría Vd. poner un ejemplo en el que no sea así?

### 824. LARGA, LARGUÍSIMA.

¿Qué palabra contiene la vocal "e" repetida siete veces?

**e e e e e e e**

### 828. UN NOMBRE DE MUJER.

¿Cuál es el nombre de mujer formado por una letra y dos notas musicales?

### 834. PARA PODER DELETREAR.

¿Qué letra se ha de saber obligatoriamente para poder deletrear correctamente?

**Correctamente**

### 838. NOMBRE DE MUJER.

¿Qué nombre de mujer cae entre dos notas musicales?

## 844. INCREÍBLE.
¿Qué la palabra inglesa de siete letras se hace más larga cuando se le quita la tercera letra?

## 848. DÍA DE LA SEMANA.
Este enigma está basado
en los días de la semana,
se trata de averiguar,
mejor hoy que mañana,
la solución adecuada.
¿Qué día de la semana
se oculta con anagrama
en una de estas palabras?

## 854. IMPORTANTE LA PUNTUACIÓN.
Don Facundo Fonseca agonizante redactó el siguiente testamento:
«Yo dejo mis bienes a mi hijo no a mi sobrino tampoco nunca se pagará la cuenta del sastre no dejo mis bienes a mi esposa no a mi cuñado». Que mis deseos sean órdenes. Facundo Fonseca.

A su hijo, a su sobrino, al sastre, a su esposa, y a su cuñado se le dio una copia de este testamento.
Y por fin se murió don Facundo Fonseca.
Cada persona se presentó con la copia del testamento ante el juez:
El **hijo** presento su copia que decía:
«Yo dejo mis bienes a mi hijo, no a mi sobrino, tampoco nunca se pagará la cuenta del sastre, no dejo mis bienes a mi esposa, no a mi cuñado». Que mis deseos sean órdenes. Facundo Fonseca.
La copia del **sobrino** decía así:
«Yo dejo mis bienes: a mi hijo no, a mi sobrino, tampoco nunca se pagará la cuenta del sastre, no dejo mis bienes a mi esposa, no a mi cuñado». Que mis deseos sean órdenes. Facundo Fonseca.

La del **sastre** decía así:

*«Yo dejo mis bienes: a mi hijo no a mi sobrino tampoco nunca, se pagará la cuenta del sastre, no dejo mis bienes a mi esposa, no a mi cuñado». Que mis deseos sean órdenes. Facundo Fonseca.*

La copia de su **esposa** decía:

*«Yo dejo mis bienes: a mi hijo no, a mi sobrino tampoco, nunca se pagará la cuenta del sastre no, dejo mis bienes a mi esposa, no a mi cuñado». Que mis deseos sean órdenes. Facundo Fonseca.*

Ya puestos, ¿podrá Vd. intuir cuál fue la copia del cuñado?

### 858. UNA NUEVA FRASE.
Forme Vd. una nueva frase con las letras de:

## AUN SE VAN FUERA

### 864. SERIE COMPLETADA.
¿Qué letra completa la siguiente serie?

## Q, L, C, L, S, ...

### 874. PREGUNTA DE LENGUA.
Un alumno, no muy lúcido, salió airoso, a la pregunta que le formuló el maestro: *¿Cómo se llaman los de Alemania?*

¿Qué cree Vd. que contestó?

### 878. AUMENTATIVOS Y DIMINUTIVOS.
Los siguientes aumentativos y diminutivos de nuestro idioma no tienen nada que ver:

col - colín
gorro - gorrón
bomba – bombilla

Escriba Vd. alguno más.

J. E. M. - Solo LENGUAJE (1 y 2)

### 884. ¿QUÉ MES REPITE B?

¿Qué mes repite "b"?
Si alguien lo sabe,
mejor es que repase ortografía,
y piense que "nobiembre" es falta grave,
y que con uve mejor lo escribiría.
De entre los otros once no hay ninguno.
¿Mas qué quitaste en la inicial pregunta
para encontrar un mes, al menos uno,
que oculto en anagrama se barrunta?

### 888. LAS DOS SIGUIENTES.

Averigüe cuáles son las dos siguientes letras de las series:

### 894. SUPRIMIENDO SÍLABAS.

Una palabra significa autónomo y a medida que se le va quitando la primera sílaba, resultan cuatro palabras que expresan respectivamente un servidor, una alhaja, un huesecillo humano y una bebida.
¿De qué palabra se trata?

### 898. INVARIABLEMENTE MAL.

¿Qué palabra de uso común en castellano pronuncian invariablemente mal todos los estudiantes universitarios de la ciudad española de Salamanca?

### 904. CINCO TIEMPOS VERBALES.

¿Cuál es la palabra de dos consonantes y dos vocales que cambiando sucesivamente una sola vocal, resulte en las nuevas palabras cinco tiempos verbales?

J. E. M. - Solo LENGUAJE (1 y 2)

### 908. PREGUNTA DE GRAMÁTICA.
Un alumno no sabía nada de gramática.
El maestro le dijo: «*Dime dos pronombres*».
El alumno contestó bien sin darse cuenta.
¿Qué respondió?

### 914. LOS POBRES Y LAS 5 VOCALES.
¿Qué palabra tiene relación con los pobres y contienen las cinco vocales sin repetir?

### 918. INTERESANTE DEFINICIÓN.
La siguiente definición: *"La capacidad de unir elementos entre sí, aunque estén muy distantes"*, ¿a qué cree Vd. que corresponde?

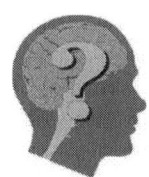

### 924. EN EL CIELO.
¿Qué hay siempre exactamente en medio del cielo?

### 928. CIUDAD CON LAS CINCO VOCALES.
¿Qué ciudad costera española y del sur, tiene en su nombre las cinco vocales?

### 934. POR UNA VOCAL.
¿Qué palabras, que se diferencian en una vocal, se pueden añadir a la palabra "matrimonio" para que el significado de la frase final sea totalmente opuesto?

### 938. PRIMEROS AUXILIOS.
Si Vd. encuentra a un moribundo, y quiere saber si sigue siendo un moribundo o ya lo ascendieron a muerto, dele a leer una letra, consonante para más señas y saldrá de dudas.
¿Qué letra deberá utilizar y por qué?

J. E. M. - Solo LENGUAJE (1 y 2)

### 944. SIN BORRAR.
Si tiene escrito en un papel la palabra "uno", ¿cómo haría Vd. para que, sin borrarla, desaparezca?

### 948. CON LAS LETRAS DE CARLOS.
Encuentre nombres propios de persona que no tengan ninguna letra de las de la palabra "CARLOS".

### 954. DE NIÑA A MUJER.
¿Cuáles son las cuatro letras que hacen a una niña mujer?

### 958. GENTILES.
Tengo amigos por toda España; Antonio es natural de Amurrio (Álava), Gaudioso es de Guisando (Ávila) y Teófilo de Tudela (Navarra).

Estos tres, a pesar de ser de localidades tan diferentes y distantes, tienen algo en común, ¿sabe Vd. qué puede ser?

### 964. DE AYER A MAÑANA.
Adivíneme Vd. este cantar:
Ayer tenía solo una,
ahora tiene dos la tuna,
y mañana tres va a sumar.

J. E. M. - Solo LENGUAJE (1 y 2)

### 968. CUATRO VOCALES IGUALES.
¿Qué nombre propio femenino contiene solamente cuatro vocales y todas son iguales?

### 974. GENTILICIOS.
¿Sabe Vd. cómo se le llama a los habitantes de Almería, Canarias, Guadalajara, Jaén, Calatayud, Cabra, Huelva, Ávila y Moscú?

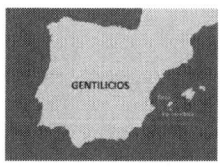

### 978. CURIOSA ORACIÓN EN INGLÉS.
¿Puede, ingenioso lector, descubrir lo que tiene de curioso la siguiente oración en inglés?
*"Gaze at this sentence for just about sixty seconds and then explain what makes it quite different from the average sentence"*

### 984. CUATRO MENOS UNA.
¿Qué palabra de cuatro letras, si le quita Vd. una, queda una?

### 988. CUIDADO CON LA EXPRESIÓN.
Lea atentamente estas expresiones:
a) Cáceres empieza por c y termina por t.
b) Valencia empieza por v y sin embargo se escribe con b.
¿Cuáles son verdaderas y cuáles son falsas?

### 994. JASOND.
JASOND fue el famoso héroe del Vellocino de Oro y de los Argonautas, sin embargo no es ningún héroe mitológico, aunque nos lo encontré-

mos constantemente en el segundo semestre de todos los años.
¿Sabría Vd. descifrar la personalidad de este personaje?

### 998. MARCO DE LETRAS.
En este marco de letras se esconde un refrán muy conocido.

```
C  S H A I D L E L L O  H
A                       D
U                       E
C                       E
C  N O E O R L E A R P  R
```

Empezando por una de las letras y, saltando siempre una, se da dos veces la vuelta al marco.
¿Cuál es el refrán?

### 1004. CHARADA.
Mi primera asiente a todo el mundo.
Mi segunda es la negación total.
Estoy en todo lo humano, para bien y para mal.
¿Qué es?

### 1008. BUEN ANFITRIÓN.

¿Cuáles son las tres palabras que debe pronunciar siempre un buen anfitrión?

### 1014. RESISTENTE AL ROBO DE LETRAS.

Encuentre una palabra resistente al "robo de letras": Le quitamos dos y permanece entera.

### 1018. NOMBRES CORTOS.
¿Cuáles son los nombres de persona más cortos?

### 1024. CAMBIO DE CAMBIO DE IDEA.

Un joven recibe de su novia la siguiente carta:
*"Tengo que aclararte que yo no hablaba en serio cuando te escribí que no estaba bromeando sobre lo*

que te dije de reconsiderar mi decisión de no cambiar de idea. Y ahora sí que hablo en serio".

¿Va a cambiar la novia de idea o no?

### 1028. NOMBRES PROPIOS MASCULINOS.

Escriba nombres propios masculinos que no tengan su correspondiente femenino.

Por ejemplo: Raúl, Pedro, ...

### 1034. NOMBRES PROPIOS FEMENINOS.

Escriba nombres propios femeninos que no tengan su correspondiente masculino.

Por ejemplo: Sara, ...

### 1038. CUATRO FAMILIARES.

En la ficha adjunta están los nombres de cuatro personas de una misma familia.

| B E L E N |
| E L I S A |
| M A B E L |
| A N G E L |

Es muy fácil separar unos nombres de otros mediante tres líneas rectas.

| B E L E N |
| E L I S A |
| M A B E L |
| A N G E L |

Pero, ¿sabría Vd. reordenarlos y separarlos con sólo dos líneas rectas?

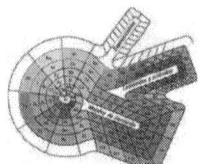

### 1044. ALQUIMIA.

Tome un elemento químico, quítele su respectivo símbolo y quedará convertido en oro.

J. E. M. - Solo LENGUAJE (1 y 2)

### 1048. SIN REPETIR LETRAS.
¿Cuál es la palabra más larga sin letras repetidas?

$$II = \frac{XXII}{VIII}$$

### 1054. UN PASO PARA LA IGUALDAD.
Moviendo solamente un palillo logre que la igualdad adjunta sea casi correcta.

### 1058. JEROGLÍFICO DE SINÓNIMOS.
¿Será Vd. capaz de resolverlo?

| O O O O o O |
|---|
| ¿A dónde irás a nadar? |

*Ayuda: Cero = 0 = Nada = redondel = aro.*

### 1064. (PUE)DES CONFIAR.
Un ángulo determinado de la cámara convirtió el eslogan de la cumbre del Partido Popular español, "Puedes confiar", en "desconfiar".

No es la primera vez que una campaña de un partido político puede leerse de forma desafortunada.
¿Conoce Vd. alguna otra similar?

### 1068. EN GUADALAJARA.
Aunque no haya estado allí, ¿sabe Vd. qué es lo que más abunda en la ciudad de Guadalajara?

### 1074. MÉXICO.
Dice mi vecino Arturo, que México lleva tilde y una X en la grafía de su nombre, pero que generalmente se escribe con g.

Es licenciado en Filología castellana y no me atrevo a llevarle la contraria.
¿A Vd. qué le parece?

### 1078. CAMISETAS LOVE-HATE.
Rachel Plefger ha conseguido recoger dos palabras en una sola.
¿Sabe Vd. cómo?

### 1084. PEDAGOGÍA INFANTIL.
Parece evidente que para cualquier niño o niña la letra "a" es la primera en aprenderse.
Pero, ¿cuál cree Vd. que es la última en aprenderse?

### 1088. UN LARGO TREN.
Un tren de un km de largo, viajando a una velocidad de un km por minuto.
Entra en un túnel de un km de largo.

¿Cuánto tiempo tarda en pasar el túnel?

### 1094. CURIOSO NOMBRE.
¿Qué río español tiene relación con las matemáticas y con la madre de mi mujer?

J. E. M. - Solo LENGUAJE (1 y 2)

**1098. EN GUARDIA.**
¿Qué particularidad presenta la siguiente frase?
*"Al león le oyó él, no ella"*

**1104. A NOMBRAR NÚMEROS.**
Nombre los números del 11 al 20 con expresiones que tengan la cantidad de letras que ellos mismos indican. (Sea Vd. un poco original)
*Por ejemplo*: El 12 con 12 letras:

**1108. ANIMAL, ANIMAL.**
¿Qué animal que es dos veces animal?

**1114. DIECISÉIS A NUEVE.**
Si Vd. tiene 16 palillos, ¿cómo los transformaría en 9 sin eliminar ninguno?

**1118. NÚMEROS AUTOCONTENIDOS.**
Escriba Vd. números que escondan su "propio concepto". Observe primero estos ejemplos:

**1124. OBJETOS AUTOCONTENIDOS.**
Muestre Vd. objetos que escondan su "propio concepto". Observe primero estos ejemplos:

J. E. M. - Solo LENGUAJE (1 y 2)

### 1128. ANIMALES AUTOCONTENIDOS.
Muestre animales que escondan su "propio concepto". Observe primero estos ejemplos:

### 1134. FAUNA AUTOCONTENIDA.
El gran ambigramista Alberto Portacio trasladó el tema de palabras autocontenidas a sus alumnos de diseño gráfico, centrando la búsqueda en nombres de animales.

Omar Algarra realizó este magnífico koala:

En las soluciones puede ver otros magníficos ejemplares.

### 1138. PALABRAS AUTOCONTENIDAS.
Escriba Vd. "cosas" que escondan su "propio concepto". Observe primero estos ejemplos:

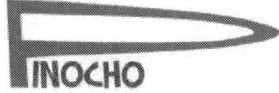 

### 1144. AUPA, AUPA.
¿Es capaz Vd. de leer el precioso ambigrama adjunto?

### 1148. LOS TRES DADOS.

Tengo tres dados con letras diferentes.
Al tirar los dados puedo formar palabras como: OSA, ESA, ATE, CAE, SOL, GOL, REY, SUR, MIA, PIO, FIN, VID, pero no puedo formar palabras tales como DIA, VOY, RIN.
¿Cuáles son las letras de cada dado?

J. E. M. - Solo LENGUAJE (1 y 2)

### 1154. SEQUENCE.

¿Qué letra puede Vd. poner en la línea inferior, con excepción de la E, para terminar lógicamente la siguiente secuencia?

**S E Q U E N C _**

### 1158. SUMA DE LETRAS.

Si una CAMPANADA = PALMADA y una CAMA = PALMA, ¿cuánto cuesta el PAN?

### 1164. EL HIJO PEQUEÑO.

Los nombres de los seis hijos mayores de la señora García son:

Domingo, Regina, Miguel, Fátima, Soledad, Laura

¿Qué nombre cree Vd. que tiene su hijo pequeño de entre los siguientes?

María, Ana, Simeón, Raquel, Jesús

### 1168. CUATRO AMIGOS.

En la ficha adjunta están los nombres de cuatro amigos.

| RICARDO |
| ISMAEL |
| DOMINGO |
| LUIS |

Es muy fácil separar unos nombres de otros mediante tres líneas rectas.

| RICARDO |
| ISMAEL |
| DOMINGO |
| LUIS |

Pero, ¿sabría Vd. reordenarlos y separarlos con sólo dos líneas rectas?

### 1174. PALABRAS OCULTAS.

En el siguiente texto (*tomado del libro: Barry Townsend, Charles. "Acertijos Clásicos" Ed. Selector, 1994*) hay 9 palabras ocultas, la mayoría son nombres de frutas.

J. E. M. - Solo LENGUAJE (1 y 2)

*"Yo lo supe razonablemente pronto,
como me lo narraron te lo cuento,
algunos pasan días y días
en que se queman gozosos,
buscando cómo racionalizar
y acompasadamente lograr
la destreza potencial desarrollar,
y que los calmen dramáticamente.
Y tú, tunante, ¿qué buscas?"*
Si se fija bien seguramente las encontrará.

### 1178. GENTE CON CARÁCTER.
El dibujo adjunto muestra el rostro de un personaje a partir de los trazos de las letras de su nombre.
¿Sabe Vd. de quien se trata?

### 1184. CURIOSO ABOLIR.
¿Cuál es el presente de indicativo del verbo abolir?

### 1188. EL PRIMERO.
Si se colocasen los infinitos números naturales por orden alfabético, ¿cuál sería el primero?

### 1194. EXTRAÑO DIBUJO.
En el dibujo adjunto, ¿qué es lo que Vd. puede ver?

### 1198. RUIDOS DE ANIMALES.
Indique Vd. el nombre del ruido que emiten los siguientes animales:
Abeja, asno, caballo, cabra, cerdo, cuco, cuervo, elefante, gallina, gato, león, paloma, pantera, perro, toro.

### 1204. DEL PROFESOR.
Preguntaba reiteradamente un profesor: *¿Son mulas o cívicos alumnos?*
¿Qué particularidad presenta dicha pregunta?

J. E. M. - Solo LENGUAJE (1 y 2)

### 1208. DEDUCIENDO.

El **nosequé** es una palabra que Vd. ha de deducir, guiándose por los distintos contextos en que es presentada.

- En medio de la presentación había un hermoso **nosequé** vivo.
- Sus **nosequés** eran obras de gran valor artístico.
- La infantería esperó en **nosequé** a la caballería.
- El lugar de la tragedia ofrecía un **nosequé** patético.

### 1214. ARQUITECTURA ESCONDIDA.

En la frase "Joven tan apuesto no he visto jamás" se encuentra escondida una ventana: "Jo**VEN TAN A**puesto no he visto jamás".

¿Qué otros elementos de la arquitectura de una casa se encuentran escondidos en las siguientes frases?

a) Es mi culpa; si lloras tienes razón.
b) Al poco me dormí, y soñé con una casa.
c) Había un baobab añoso en el baño.
d) Las redes van al agua, los peces a la cocina.

### 1218. REFRANES ESCONDIDOS.

La siglas E.B.C.N.E.M. esconden el refrán *"En boca cerrada no entran moscas"*.

E.B.C.N.E.M.

¿Qué refranes se esconden en las siguientes?
a) A.L.O.L.P.C.
b) E.C.D.H.C.D.P.
c) M.V.P.E.M.Q.C.V.
d) D.C.Q.A.Y.T.D.Q.E.
e) T.V.E.C.A.L.F.Q.A.F.S.R.

### 1224. DEDUZCA.

El **nosequé** es una palabra con varias acepciones.
En cada frase aparece en una acepción diferente.

deduzca

J. E. M. - Solo LENGUAJE (1 y 2)

Vd. debe de descubrir de qué se trata el **nosequé**.
- Como buen cirujano siempre hace un **nosequé** preciso.
- Le hacía la **nosequé**, hasta que ella dijo basta.
- Me ha injuriado, y no lo perdonaré: nos veremos en la **nosequé** judicial.

### 1228. PANGRAMA AUTOREFERENTE.

Un pangrama autoreferente, es una frase que cuenta todas y cada una de las letras que la componen.

"*Este pangrama tiene dieciséis a, una b, quince c, once d, dieciocho e, una f, dos g, dos h, trece i, una j, una k, una l, dos m, dieciséis n, una ñ, catorce o, dos p, dos q, cinco r, catorce s, seis t, doce u, una v, una w, una x, dos y y una z*".

Trate de completar la siguiente frase con números expresados en letras:

"Esta frase tiene las siguientes vocales: ... a, ... e, ... i, ... o y ... u".

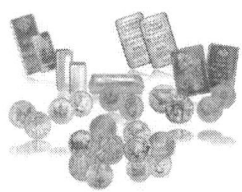

### 1234. ORO, PLATA Y DIPLOMA.

Soy la primera en el alba,
soy la segunda en el mar,
la cuarta soy en la misa
y en el cielo no puedo entrar.
¿Quién soy?

### 1238. APELATIVOS ANAGRAMÁTICOS.

Jaime Mejía es un apelativo anagramático ya que el nombre es un anagrama del apellido.

¿Se le ocurren a Vd. otros apelativos anagramáticos?

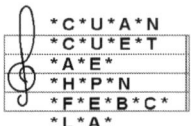

### 1244. COMPOSITORES.

Averigua los nombres de cinco compositores a los que hemos quitado unas letras, sustituyéndolas por asteriscos.

J. E. M.   -   Solo LENGUAJE (1 y 2)

### 1248. LA RUEDA.
¿Cuál es la rueda de la existencia?
¿No ha oído Vd. hablar de ella?

### 1254. EL BUEN CHOCOLATE.
¿Cuáles son las cuatro cualidades de un buen chocolate?

### 1258. LA DUDA DE LA ABUELA.
Después de contar lo que contó, la abuela Teresa dijo: *"No garantizo que sea insostenible negar lo contrario de la veracidad de mis afirmaciones"*.
¿Significa que la abuela mintió o dijo la verdad?

### 1264. EXTRAÑO LUGAR.
Reordenando las letras de la palabra "palurla", se puede obtener el nombre de un lugar real.

¿Cuál?

### 1268. LOGOTIPO ANIVERSARIO.
El siguiente logotipo fue creado para celebrar un aniversario.

¿Sabe Vd. cuál?

### 1278. REALMENTE FEMENINA.
¿Cuál de estas palabras es realmente del género femenino y por qué?

**BANDERA - GALLINA – ASOCIACIÓN
FURGONETA – MATEMÁTICA**

J. E. M. - Solo LENGUAJE (1 y 2)

### 1284. CITA TEXTUAL.

*"Y esto decía una monja: a los torpes que te jaranan día y noche, ámales; a los que no crean en ti, quiéreles; a quien lime tu honor y mancille tu nombre, estímalo; a quien merca con tu desgracia, perdónalo. De los pecados de los otros, aleja tu mente. Pero a quien te opia y te aburre con sus tacañas conversaciones, a ese dale un golpe".*

En el texto aparecen anagramados diez alimentos; ¿se atreve Vd. a dar con ellos?

### 1288. PALABRA LARGUÍSIMA.

¿Qué palabra de 23 letras podemos decir en castellano?

### 1294. ¿POR LAS NUBES?

¿Qué hay siempre entre cielo y tierra?

### 1298. DE REPENTE FUI A KAGAR.

Existe un recorrido real entre dos poblaciones alemanas (Repente y Kagar) tal como se observa en el mapa adjunto.

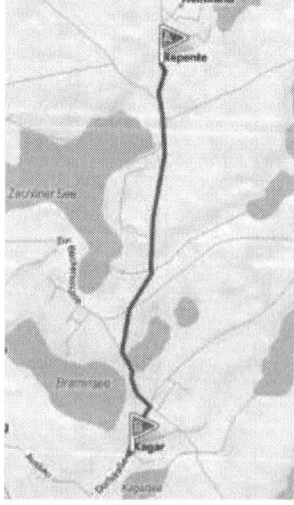

¿Conoce Vd. otros trayectos o destinos con doble sentido similares al mostrado?

### 1304. RELATIVAMENTE CIERTO.

Rellene los ... del siguiente párrafo, de modo que lo que se dice en él sea verdadero.

"En este párrafo, el dígito 0 aparece ... veces,
el dígito 1 aparece ... veces,
el dígito 2 aparece ... veces,
el dígito 3 aparece ... veces,
el dígito 4 aparece ... veces,
el dígito 5 aparece ... veces,
el dígito 6 aparece ... veces,
el dígito 7 aparece ... veces,
el dígito 8 aparece ... veces
y el dígito 9 aparece ... veces".

*Observación:* Puede estar la palabra "veces" o la palabra "vez", según convenga.

¿Existe solución?
¿Será única?

### 1308. COMPLETE LA FRASE.

Las palabras de la frase **"Con una mirada descubrió..."** han sido elegidas de acuerdo a una regla lógica y sólo una de estas:
**octogenarios, caníbales, murciélagos, elefantes**
la puede completar.
¿Cuál?

### 1314. COMPLETANDO.

Complete la oración siguiente colocando palabras en los espacios.
Ningún pobre es emperador, y algunos avaros son pobres: luego: algunos (.........) no son (.........).

J. E. M. - Solo LENGUAJE (1 y 2)

### 1318. EN EL NOMBRE DEL GATO.

Un gato (cat) y un ratón (mouse) generados a partir de sus propias letras.

*(Trabajo de Margaret Sheperd)*

¿Es Vd. capaz de crear algún otro animal con un método similar a este?

### 1324. EL RÍO O EL ARROYO.

Funciona con el ajo, pero no con la cebolla.
Funciona con el oro, pero no con la plata.
Funciona con la rampa, pero no con la cuesta.

¿Funcionará con el arroyo o funcionará con el río?

### 1328. CIUDADES EUROPEAS.

En el principio de Roma,
tú me puedes encontrar.
Vivo en medio de París
y también al final del mar.

¿A qué nos referimos?

### 1334. FRASES Y PALABRAS.

Observe las siguientes frases y las palabras que en ellas se han resaltado:

- Trabaja a destajo para mantener el **statu quo**.
- No demos más vueltas al asunto, porque el **quid** de la cuestión es el dinero.
- El Papa impartió su bendición **urbi et orbi**.
- Para organizar el encuentro, primero tienes que perdonarle. Es una condición **sine qua non**.
- Tuvimos un **quid pro quod** que enfrió la amistad.
- Tocaron a mil euros **per cápita** y quedaron muy contentos.

- Acordaron hacer un minuto de silencio **in memoriam** del compañero fallecido.
- No han especificado ningún tipo de protocolo podemos vestirnos **ad líbitum** para la ceremonia.
- Tomó el acuerdo **motu propio** de no asistir nunca más a aquellas reuniones.
- En el curso de la discusión parlamentaria hizo una propuesta **in voce**.

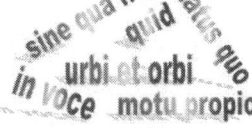

¿Conoce Vd. el significado correcto de las palabras resaltadas?

### 1338. NADA ES ILÓGICO.

Mi desarrollo puede parecer ilógico, pero es así como yo estoy hecho:
- La crianza está antes que el embarazo.
- La adolescencia está antes que la infancia.
- La carrera está antes que la marcha.
- La escritura está antes que la lectura.
- Los deberes están antes que la lección.
- La muerte está antes que la vida.
- Pero nada es ilógico.

¿Quién soy?

### 1344. ORDENANDO EL ABECEDARIO (1).

Según la siguiente clasificación, ¿dónde debe ir la X?

B C D G J O P Q R S U
———————————————
A E F H I K L M N T V W Y Z

### 1348. ORDENANDO EL ABECEDARIO (2).

¿Qué criterio se ha seguido para esta clasificación del abecedario?

A H I M ...
———————————————
B C D E F G J K L ...

### 1354. ORDENANDO EL ABECEDARIO (3).

¿Qué criterio se ha seguido para esta clasificación del abecedario?

A F G J L M ...
———————————————
B C D E H I K ...

## 1358. ORDENANDO EL ABECEDARIO (4).
¿Qué criterio se ha seguido para la siguiente clasificación del abecedario?

| C E F H I J K L M N Ñ S T U V W X Y Z |
|---|
| A D O P Q R |
| B |

## 1364. DEL ALFABETO.
Dividimos las primeras 22 letras del alfabeto en 4 grupos:

| 1 | 2 | 3 | 4 |
|---|---|---|---|
| ACEMNORSUV | BDFHKLT | GPQ | IJ |

¿Dónde pondría Vd. las: W, X, Y, Z?

## 1368. ASTUTO PRESIDENTE.
En 1904 el candidato a la reelección como presidente de los Estados Unidos, Theodore Roosevelt, hizo figurar en su campaña electoral el curioso y famoso eslogan: *"A MAN, A PLAN, A CANAL: PANAMA"*.

Ganó las elecciones y las obras comenzaron aquel mismo año.

¿Qué tiene de curioso el famoso eslogan?

## 1374. CINCO PALABRAS.
Sabemos que AB, BC, CD y DE son palabras castellanas ordinarias.

A B C D E

¿Qué significado tiene ADCBE?

## 1378. FRASES DE ALGUNOS OFICIOS.
Más de una vez las habrá oído Vd.:
*El salchichero*: ¿Lo quiere duro o blando?
*El carnicero*: ¿Demasiado? ¿Corto un pedazo?
*El banquero*: Lo levantas y pierdes el interés.
*El dentista*: Si le duele la quito.
*El tapicero*: Ahora que está colocada, ¿le gusta?

J. E. M. - Solo LENGUAJE (1 y 2)

¿Podría Vd. añadir alguna más de este tipo a la lista?

### 1384. FRASE = PROVERBIO.

¿Cuál de las frases que se indican a continuación significa aproximadamente lo mismo que el proverbio: *"No cuentes los pollos hasta que salgan del cascarón"*?

    a) Algunos huevos tienen dos yemas por lo que no se pueden contar realmente huevos y pollos.
    b) No se puede caminar por el gallinero para contar los huevos porque esto molestará a las gallinas y no pondrán huevos.
    c) No es razonable realmente confiar en algo que no ha ocurrido todavía y que puede que no llegue a suceder.
    d) Puesto que los huevos se rompen con tanta facilidad, puede que su recuento de los futuros pollos no resulte muy exacto.

### 1388. AMOR RECÍPROCO.

¿Existirá algún palíndromo con el formato de *"Laura ama a Raúl"*, pero que funcione?
Como por ejemplo: *"Y Lola ama a Loly"*.

### 1394. OTROS ABSURDOS DE NUESTRA LENGUA.

Un tapón, normalmente es más pequeño que una tapa.
Un callejón suele ser una vía más pequeña que una calle.

El ratón es más pequeño que la rata.
Un cajón es más pequeño que una caja.
Al que no tiene pelo, se le llama pelón.
A un bebé que toma el pecho se le llama mamón a pesar de ser tan pequeño.

Escriba Vd. algún otro.

### 1398. PALABRAS CANGURO.

Denominamos así a palabras que esconden en su interior otra de similar significado y con las letras en el orden correcto.

Por ejemplo: INSTRUCTOR esconde TUTOR, CATACUMBA esconde TUMBA.

## INSTRUCTOR
## CATACUMBA

¿Será Vd. capaz de encontrar alguna más?

### 1404. CINCO LETRAS, CUATRO SÍLABAS.

Existe, al menos, una palabra palindrómica con cinco letras y cuatro sílabas.

### AAEER

¿Puede Vd. encontrarla?

### 1408. CURIOSIDAD LINGÜÍSTICA.

El verbo "poner" es uno de los más zarandeados de la gramática y uno de los que se prestan al gusto de todos.

Observe la siguiente lista:

          La gallina   PONE
       El calumniador su
       El chismoso indis
   El entrometido se inter
          El Estado im
         El industrial ex
          El juicioso re
         El ladrón tras
       El operario com
    El orgulloso se sobre

Complete la siguiente:

| | |
|---|---|
| El prudente | - PONE |
| El químico | - |
| El remendón | - |
| El testarudo | - |
| El testigo | - |
| El vanidoso | - |
| El viajero | - |
| El hombre | - |
| Y Dios | - |

J. E. M.   -   Solo LENGUAJE (1 y 2)

### 1414. EL ANIMAL IDEAL.

De las expresiones populares podría salir un prototipo de animal ideal.

1. Cabeza de jabalí.
2. Pelos de erizo.
3. Orejas de burro.
4. Ojos de besugo.
5. Moco de pavo.
6. Boca de ganso.

¿Sabría Vd. añadir alguna más a la lista?

### 1418. ANIMAL CEREAL.

¿Qué animal dándole la vuelta se convierte en cereal?

### 1424. PEDIR PERMISO.

Alfonso pidió permiso a su padre para traer unos amigos a casa.
El padre: *"No, claro que no"*.
A pesar de la contestación del padre, Alfonso llevó a sus amigos a casa tan fresco.
¿Por qué?

### 1428. PALABRA INCÓGNITA.

Buscamos una palabra de 5 letras.
- La palabra MAGIA tiene exactamente dos de sus letras, colocadas en el mismo lugar.
- La palabra TRUCO tiene dos de sus letras ubicadas en el mismo lugar y otra en un lugar diferente.

¿De qué palabra se trata?

### 1434. FRASE ORDENADA.

¿Qué característica advierte Vd. en la siguiente frase?

*"Artes inocuas ves,
si no una tres,
dijo un argentino..."*

J. E. M.  -  Solo LENGUAJE (1 y 2)

### 1438. SERIE.
¿Qué palabra castellana repite sus letras como si de una serie numérica se tratara?

### 1444. CONSONANTES Y VOCALES ALTERNADAS.
¿Cuál es la palabra más larga en la que consonantes y vocales se alternan, es decir, aquélla en la que no aparecen dos vocales seguidas ni dos consonantes seguidas?

### 1448. FUGA DE VOCALES.
¿Será Vd. capaz de completar la frase con todas ellas?

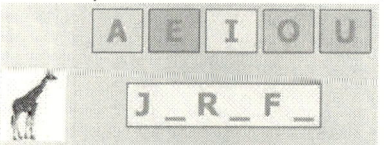

T_d_s l_s m_ñ_n_s, _ls l_r _ls lp_r _nc_m_d_ l_s m_nt_ñ_s, s_ p__d_ c_nt_mpl_r l_ m_s b_ll_ __r_r_.

### 1454. LAS VACACIONES DE LA MAESTRA.
La maestra escribió en el encerado: **"En las bacaciones me e avurrido mucho"**, y pregunta: "¿Cómo debo corregir esto?".

¿Cuál cree Vd. que fue la contestación de Manolito?

### 1458. LOCOMOCIÓN.
Cada cuadrado oculta un medio de locomoción.

| J | E | R | | I | V | L | | R | C | N |
|---|---|---|---|---|---|---|---|---|---|---|
| C | | A | | | C | | | H | A | V |
| U | R | A | | O | E | U | | A | A | A |

¿Cuáles son?

J. E. M. - Solo LENGUAJE (1 y 2)

### 1464. PALABRA ESCONDIDA (1).
En el cuadro hay escondida una palabra de 12 letras.

| A | D | E | N |
|---|---|---|---|
| E | P | T | I |
| C | I | M | O |

Descúbrala pasando de una letra a otra vecina sin pasar dos veces por la misma casilla y recorriéndolas todas.
*(Está resaltada la letra por la que comenzar)*

### 1468. PALABRA ESCONDIDA (2).
En el cuadro hay escondida una palabra de 12 letras.

| E | N | T | B |
|---|---|---|---|
| N | V | U | U |
| A | E | R | A |

Descúbrala pasando de una letra a otra vecina sin pasar dos veces por la misma casilla y recorriéndolas todas.
*(Está resaltada la letra por la que comenzar)*

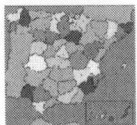

### 1474. EN HAWAI.
¿Sabe Vd. cuántas letras tiene el alfabeto hawaiano?

### 1478. POEMA DEL XVII.
La siguiente curiosidad es del siglo XVII y su autor, Francisco de Isla:

**Castilla-París-Tea-Dado.**
**Amor-Osa-Lamas-Cara.**
**Muestra-Portal-Ala-Corte.**
**Atún-Oblea-Viso-Pasa.**

¿Le suena raro? Léala un par de veces en voz alta y podrá reconstruir otro poema cambiando sencillamente los signos de puntuación e introduciendo alguna letra muda.

### 1484. CINCO CONSONANTES SEGUIDAS.
¿Conoce Vd. alguna palabra que contenga al menos cinco consonantes seguidas?

**1488. QUE EN GLORIA ESTÉS.**
Graciosa es ella con la gente,
le encantan las promesas,
ojos negros y gigantes,
ríe y es cariñosa,
increíble imaginación y mente,
adora las mariposas.

Fabulosa es esa poetisa,
un poco mayor y frondosa,
el día pasado le dio la risa,
recuerda una cosa.
tiene una camisa,
ella huele a rosas,
simpática y con sonrisa.

¿Qué característica especial tiene este texto?

**1494. LÍO DE NÚMEROS.**
Dos son tres, tenlo presente,
tres son cuatro, si los miras
con ojos inteligentes.
Este acertijo examina.
porque catorce son siete
aunque parezca mentira,
cuatro, seis, si usas la mente,
seis son cuatro, ¿lo adivinas?

**2 3 4 14 7 6**

**1498. DE CRUCIGRAMA.**
Por el acento, o de mar o de iglesia.

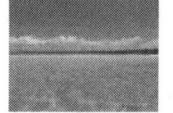 

¿Qué es?

J. E. M. - Solo LENGUAJE (1 y 2)

### 1504. SOCIOS COMPLEMENTARIOS.
El otro día encontré este nombre de una empresa mayorista de frutas y verduras que es en realidad un palíndromo.
¿Conoce Vd. algún caso similar? (verídico o inventado)

### 1508. AMPLIA GAMA DE ADJETIVOS.
Hay una amplia gama de adjetivos relacionados con los sentidos:
**sensacional, sensible, sensitivo, sensorial, sensual**

¿Se le ocurren a Vd. otros conceptos que tengan una amplia gama de adjetivos?

### 1514. CON CORAZÓN.
¿Cuál es la letra que demuestra más corazón?

### 1518. DUERME.
¿Cómo se escribe durmiendo o dormiendo?

### 1524. DE QUÍMICA.
¿Cuál es la única letra que no aparece en la tabla periódica de los elementos químicos?

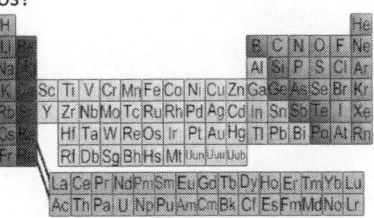

### 1528. ALGO EN COMÚN.
¿Qué tienen en común las siguientes palabras?
**SISTEMA, ROBE, LINO, GRUESA**

J. E. M. - Solo LENGUAJE (1 y 2)

### 1534. BEBIDA CON LAS CINCO VOCALES.
Buscamos una bebida alcohólica que en su nombre tenga las cinco vocales.
¿Podría Vd. ayudarnos?

### 1538. MASCULINOS CON LAS CINCO VOCALES.
Encuentre nombres propios, masculinos o femeninos, que contenga las cinco vocales.

### 1544. VEGETALES CON LAS CINCO VOCALES.
¿Qué vegetales, masculino y femenino, tienen en su nombre las cinco vocales?

### 1548. SECUENCIA DECISORIA.
Complete la siguiente secuencia:

**GWB, WJC, GHWB, RWR, JEC, GRF, RMN, LBJ, ???**

### 1554. FRASES MONOVOCÁLICAS.
Podemos formar frases con sentido usando en cada una de ellas solamente una vocal:
*Con la A:* Amar hasta fracasar.
*Con la E:* Desde que empecé el semestre.
*Con la I:* Difícil lid.
*Con la O:* Yo como poco.
¿Se atreve Vd. a formar alguna más?
¿Y alguna con la U?

### 1558. AL MORIR CANTINFLAS.
¿Qué palabra se incluyó en el diccionario al morir Cantinflas?

J. E. M.   -   Solo LENGUAJE (1 y 2)

### 1564. DE LA SEMANA.
Desde el lunes hasta el viernes,
soy la última en llegar,
el sábado soy la primera
y el domingo a descansar.

### 1568. REFRÁN SIMILAR.

El refrán, *"Aunque la mona se vista de seda, mona es y mona se queda"*, nos advierte de que es inútil aparentar una posición social que no nos corresponde, pues no son las vestiduras las que hacen el cargo, sino nuestra educación y condición. Y por mucho que intentemos camuflar o disimular nuestros orígenes, estos nos delatarán tarde o temprano.
¿Conoce Vd. algún refrán similar a este?

### 1574. PAÍS CON LAS CINCO VOCALES.

¿Qué país africano tiene en su nombre las cinco vocales?

### 1578. PALABRA OCULTA (1).

Encuentre una palabra de seis letras que tiene alguna en común con las siguientes palabras:
0 letras en común con CRECER.
1 letra en común con CAFÉ.
2 letras en común con DIENTE.
3 letras en común con PERDÓN.
4 letras en común con ALIENTO.

### 1584. PALABRA OCULTA (2).
Encuentre una palabra de cinco letras que tiene alguna en común con las siguientes palabras:
Tres letras en común y en su justo lugar con BORDE.
Dos letras en común una de ellas en su justo lugar y la otra no con MULTA.

Una letra en común y en su justo lugar con CARGO.
Una letra en común pero no en el lugar correcto con LITRO.
Ninguna letra en común con TIMON.

### 1588. METÁFORAS ANIMALES.

Es un mecanismo muy corriente, designar una cualidad aplicable a un ser humano, citando un animal que la posea.

Así se intensifica una cualidad real o ficticia del animal y se aplica al mismo tiempo al ser humano, con la consiguiente animalización.

Unas veces se resaltan cualidades positivas y otras veces se resaltan los defectos, que se suelen utilizar para insultar.

Hay animales de un sólo uso y otros que dan lugar a varias interpretaciones. Ejemplos:

| | |
|---|---|
| Ser un águila | Persona vivaz e inteligente y, a veces, tener buena vista. |
| Ser un cerdo | Persona sucia y de costumbres poco higiénicas; también se dice de alguien ruin y malintencionado. |
| Ser un asno o ser un burro | Persona que emplea su fuerza en detrimento de su capacidad intelectual. |
| Ser una mula o más terco que una mula | Persona que destaca por su terquedad y empecinamiento. |
| Ser una tortuga o más lento que una tortuga | Persona poco activa o perezosa. |

¿Es Vd. capaz de encontrar algún ejemplo más?

### 1594. CHARADA INTERESANTE.
Mi primera negación,
mi segunda consonante,
un artículo la tres
y el todo muy interesante.

### 1598. LLANAS Y ESDRUJULAS.
Encuentre palabras llanas, de dos sílabas, con tilde y que al formar su plural sean de tres sílabas y esdrújulas.
*Ejemplo:* Lápiz-lápices.

J. E. M. - Solo LENGUAJE (1 y 2)

### 1604. BONITO ACRÓSTICO.
El siguiente acróstico no hace falta decir sobre qué va.

Caliente
Aromático
Fuerte
Espeso
¿Ya sabe Vd. la solución?

### 1608. CUATRO MORFEMAS, TRES FONEMAS.

¿Conoce Vd. alguna palabra del idioma castellano que tenga cuatro morfemas y tres fonemas?

### 1614. DEL CLERO.
Soy la redondez del mundo, sin mí no puede haber Dios ni obispos, pero sí Papas y cardenales. ¿Quién soy?

### 1618. EN EL DICCIONARIO.
Busque una palabra del diccionario que esté entre:
a) Televisor y telilla.
b) Pie y piedra.
c) Vendar y vendedor.
d) Ozonómetro y pabilo.
e) Perneo y pernería.
f) Flirteo y flogístico.
g) Caboso y cabra.
h) Obviar y obyecto.
i) Suripanta y surquero.
Obviamente, sin necesidad de mirar en el diccionario.

### 1624. FUTBOLISTA CON LAS CINCO VOCALES.
Desde la temporada 95-96 hasta hoy, ¿qué jugador de fútbol de 1ª división tiene en su nombre las cinco vocales?

### 1628. ESDRÚJULA DE 4 LETRAS.
Busco dos palabras esdrújulas de cuatro letras. ¿Podría Vd. ayudarme a encontrarlas?

J. E. M. - Solo LENGUAJE (1 y 2)

**1634. DEL AGUA.**
En el manantial fluyo con fuerza,
en el agua estoy desde el
principio hasta el final,
el río nunca me lleva
y termino en medio del mar.

**1638. PANGRAMAS.**
Las frases que contienen todas las letras del abecedario se denominan pangramas.
Será mejor cuanto más corto.

> The Quick Brown Fox
> Jumps Over The Lazy Dog

*Ejemplos:* "La vieja cigüeña fóbica quiso empezar hoy un éxodo a Kuwait". (49 letras)

> Jove ximpanzé que fa whisky
> il·legal d'arç i tabac

¿Será capaz de inventar Vd. alguno más corto?

**1644. LAS DOS ÚLTIMAS.**
¿Cuáles son las dos letras siguientes en la serie siguiente y por qué?

C S L D L S E L S S Y _ _

**1648. EN FRANCÉS CON LAS CINCO VOCALES.**
En castellano, tenemos: ecuación (5 vocales y 3 consonantes), sequoia (5 vocales y 2 consonantes), euforia (5 vocales y 2 consonantes).
¿Las habrá más cortas?

Parece ser que en castellano no.

En francés, en cambio, tenemos una que está compuesta por las cinco vocales y una sola consonante. Está en las ramas de los árboles, en canciones y en todos los libros del primer curso de francés.
¿Cuál cree Vd. que es?

### 1654. PROBLEMA DE PALABRAS.

Forme una lista, lo más larga posible, de palabras castellanas de cinco letras, que cumpla la siguiente condición: *"Todas las primeras letras deben ser diferentes entre sí, las segundas letras deben ser diferentes entre sí, lo mismo las terceras, las cuartas y las quintas".*

Por ejemplo, la lista podría ser:

ÁRBOL – CARTA – SUEÑO - …

La palabra POSTE no podría agregarse ya que repetiría la T en la cuarta columna.

### 1658. PERSONAJE HISTÓRICO.

Descubra el personaje histórico que está oculto en el siguiente anagrama:

ANO ROMÁNTICO

### 1664. MARCA DE COCHE.

Busco una marca de coche de ocho letras y sólo una vocal.

¿Podría Vd. ayudarme a encontrarla?

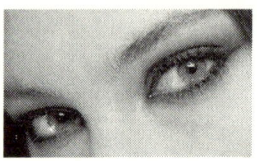

### 1668. EN LOS OJOS.
Tengo dos en cada ojo,
en dos ojos tengo tres,
en uno sólo tengo una,
a ver si adivina qué es.

### 1674. LOS PECES.
En cuatro se oculta el nombre de un pez.
**ARSNDIA, QRONUEBO, LAGUNIA, PRAE, NEMITOPI.**

¿Cuál es la otra?

### 1678. CON SIETE "E".
Busco palabras que repitan siete veces la letra E y no tengan ninguna otra vocal.

E E E E E E E

¿Podría Vd. ayudarme a encontrarlas?

### 1679. EL DESFILE.
Esperan frente al cuartel
los hombres de un batallón,
mientras que su coronel
calcula sobre el papel
la mejor distribución.

Por principio elemental
quiere poner sus soldados
en filas todas igual,
y que en desfile marcial
avancen bien alineados.

Bien contado el pelotón,
estudia si es oportuno
hacer esta formación
siete a siete y ¡maldición!
vio que le sobraba uno.

Si los pone a ocho por fila,

le sobra un par de soldados,
y trece a trece contados
(el hombre cuenta y cavila)
quedan diez descolocados.

Y sin remedio, al final,
cosa que al cabo no importa,
al mando de un oficial
se hizo el desfile marcial
con una fila más corta.

Ahora, muchacho toma tú el papel
¿Cuántos soldados manda el coronel?

### 1684. EL ANUNCIO DE PANTALEÓN.

Pantaleón es un pícaro que se hace pasar por adivino, pero como le va mal en el negocio y los clientes decepcionados ya no acuden a su consulta, ha decidido poner un gran anuncio publicitario en la puerta de la casa, para atraer incautos.

Toda la noche se la pasó rompiéndose la mollera para que fuera un anuncio original y llamativo. Hasta que se le ocurrió una idea nada despreciable. Escribiría todo el texto comenzando cada palabra con la letra "P", que es la inicial de su nombre. Se dio a la tarea y a la mañana siguiente clavó el cartel, que decía:

"*Para personas perturbadas: PANTALEÓN POLICARPO PIÑÓN, palmista, pitoniso profesional, por poca plata propone predecirles porvenir, puede plantearles presagios, prevenirles peligros potenciales, prepararles para posibles problemas, paliar poderosas preocupaciones, posibilitar progreso personal, procurar pertenencias perdidas, poder pescar portentosos premios, participarles planes para persuadir preciosas pepillas, procrear prolongada prole, practicar provechosas permutas, proporcionar pomada para producir poblado pelo, preparar poción para parar partes pudendas,... Puede preguntar por Pantaleón Policarpo Piñón, profeta prestigioso, probada precisión*".

Tras colocar tan extenso y detallado anuncio en la puerta de su consulta, Pantaleón se sentó en una butaca para que lo leyeran y empezaran a llegar los interesados. Cuando ya comenzaba a impacientarse, sintió toques en la puerta y abrió. Era un señor que intrigado por el letrero, quería hablar con el adivino.

J. E. M. - Solo LENGUAJE (1 y 2)

El visitante miró con curiosidad el lugar y el talante de Pantaleón, del cual había hecho algunas indagaciones en el barrio, antes de presentarse a la consulta. El pitoniso se sentía extrañado ante la sospechosa conducta del señor, pero como era un posible cliente, comenzó a hablarle de los maravillosos servicios de adivinación que allí ofrecía. Entonces, el hombre le dijo en tono declamatorio:

"Pantaleón Policarpo Piñón, pregonado palmista, precisamente pasé para percatarme. Permítame, pues, plantearle pequeñas preocupaciones: ¿Puede Pantaleón prometer pomada prodigiosa para producir poblado pelo, permaneciendo pelón? Percibo peliaguda paradoja, pues Pantaleón propone públicamente propiciar plata, permutas, premios, pareja, progreso, placeres, pero posee pocos pesos, pide prestado, pierde pleitos, pasa penurias, padece pesares, permanece pasmado y parece paupérrimo pordiosero. ¡Perfectas patrañas propagadas por profeta pacotillero, palmista pícaro, porfiado paluchero! Podrá pescar "primos" pazguatos, pero pobladores precavidos prefieren procurarse propio porvenir por procedimientos personales".

Al terminar de decir esto, el hombre parecía satisfecho de haber virado la tortilla al embustero, con sus propias armas. Y se marchó soltando una sonora carcajada.

### 1688. INSULTO HABITUAL.

Existe en lengua castellana un insulto muy habitual que contiene las cinco vocales sin repetir.

¿Sabe Vd. cuál es?

### 1689. PERSECUCIÓN.

La paz del verde valle,
el aire fresco y grato,
el rumor de una fuente,
el gorjeo de un pájaro,
nos hace que olvidemos
que entre silvestres flores
la lucha por la vida
forja dramas atroces:

Saltando entre matas,
seguido de un perro,
a su madriguera
volaba un conejo.

Con doscientos saltos
se verá seguro
y lleva cincuenta
de adelanto al chucho.

¡Corre, corre, corre!
¡Rápido, conejo!
Tú das cuatro saltos
mientras tres da el perro.

Más ¡ay! desdichado,
justo es tu temor:
cuánto tú en tres saltos
hace el perro en dos.

¡Oh, intrigante caso!
¡Oh, destino incierto!
¿Podrá o no salvarse
el débil conejo?

### 1694. VA DE SINÓNIMOS.
¿Conoce Vd. algún sinónimo de:
**"externocleidomastoideo"?**

### 1698. PERSONIFICACIÓN.

Existe un viejo cuento con cuatro personajes: "Todos, Alguien, Cualquiera y Nadie".

Había que hacer un trabajo importante y era sabido por Todos que Alguien lo haría.

Cualquiera podría haberlo hecho, pero Nadie lo hizo.

Alguien se enojó cuando se enteró, porque le hubiera correspondido hacerlo a Todos.

Entonces fue creído por Todos que quizás Cualquiera lo haría, pero Nadie se dio cuenta de que Alguien no lo haría.

¿Cómo termina la historia?

J. E. M. - Solo LENGUAJE (1 y 2)

### 1704. OVALADO EN EL TORO.

Una cosa quisicosa
de ovalada construcción
que todos los hombres tienen
pero las mujeres no;
incluso el señor obispo,
como todos, tiene dos

### 1708. CON CINCO AES.

Buscamos un pueblo de Segovia, un pueblo de Huelva y una capital de provincia española con cinco aes en su nombre.

¿Podrá Vd. encontrarlos?

### 1714. SONETO ORIGINAL.

¿Qué particularidad tiene el siguiente soneto?
Proponerse escribir un buen soneto,
vencedor del sepulcro y del olvido,
en círculos viciosos protegido,
por el dique imponente y del respeto.

Es mucho pretender, error completo
del todo por doquier reconocido.
Y yo que emprendo y lucho decidido,
con el silencio responder prometo.

¿De dónde, juventud, de dónde viene
el principio despótico que impone
quien de numen los ímpetus detiene

del modo estoico que el infeliz propone?
No tus preceptos en mis oídos vibre,
libre es el genio porque el hombre es libre.

### 1718. SEGÚN EL GÉNERO DEL ARTÍCULO.

Hay palabras polisémicas que cambian su significado según el género del artículo utilizado delante de ellas.
*Ejemplos:* El capital - Dinero.
La capital - Ciudad.

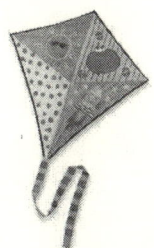

El cura- Sacerdote.
La cura - Efecto de la acción de curar.
El orden - Colocación espacial adecuada.
La orden - Mandato militar.
El frente - Lugar de máxima lucha en una guerra.
La frente - Parte de la cabeza.

Jugando con esta cualidad podemos fabricar frases como las siguientes:

*"Perdí todo mi capital en el casino de la capital".*
*"El cura le practicó una cura".*
*"Gracias a su orden se pudo mantener el orden".*
*"En el frente me hirieron en la frente".*

¿Puede encontrar Vd. alguna más?

### 1724. ¿QUÉ HORA ES?

Un joven acude a un concierto de su cantante favorita. En un momento del show escogen a seis jóvenes de entre el público para subir al escenario y nuestro protagonista es uno de ellos. Canta en directo junto a ella.

Al abandonar el escenario, tres de ellos son invitados a cenar con la diva y nuestro protagonista es uno de ellos.

Comparte una agradable cena en la que ella responde con amabilidad a todas las preguntas que los admiradores le hacen. Al acabar la cena él, y solo él, es invitado a subir a la habitación de la estrella a tomar una última copa. Nervioso, como en una nube, con la copa en la mano espera que vuelva de "cambiarse para estar más cómoda". Al poco aparece tan solo cubierta por unas gotas de perfume y una deslumbrante sonrisa.

¿Qué hora es?

### 1728. CAMBIANDO UNA SOLA LETRA.

Observe lo que puede ocurrir:
Pedro tuvo una gran suerte. (Cambie s por m)
Don Froilán es un cardo. (Cambie a por e)
La agarró por el moño. (Cambie m por c)
¡No hurgues en los cajones! (Cambie a por o)
Doña Ana: ¡son deliciosas sus setas! (Cambie s por t)

J. E. M. - Solo LENGUAJE (1 y 2)

# M
# P ATRIMONIO

¿Podría Vd. añadir alguno más de este tipo a la lista?

**1734. POR EL CIELO.**
En medio del cielo estoy
sin ser lucero ni estrella,
sin ser sol ni luna bella;
a ver si acierta quien soy.

**1738. POR MAR Y AIRE.**
En el mar y no me mojo,
en brasas y no me abraso,
en el aire y no me caigo,
y me tienes en tus brazos.

**1744. GIMNASIA MENTAL.**
Encuentre una lista de ocho deportes que incluyan todas las letras del abecedario.

**1748. LA APUESTA DE QUEVEDO.**
Es muy famosa la apuesta ganada por Francisco de Quevedo, al mentarle a la reina su cojera sin circunloquios.

El ingenioso Quevedo se presentó ante su majestad con una flor en cada mano y le espetó el equívoco más famoso de la lengua castellana:

**"Entre el clavel y la rosa su majestad es-coja"**

**1754. RECIENTE.**
¿Cuál es el superlativo de reciente?

**1758. MARCANDO EL CAMINO.**
Por una llanura blanca,

de cabeza voy andando.
Si tengo llena la panza,
el camino voy marcando.

## 1764. MÁS SIGNOS DE PUNTUACIÓN.

Bertrán de Vernet, caballero y trovador, solía provocar a los nobles y demás señores feudales.

Una vez escribió un poema cargado de mala intención para enfurecer a su vecino, Hugo Trencacolls, que tenía fama de hacer honor a su apellido "Rompecuellos" con aquellos que osaban molestarle.

Envió a su juglar, Pajarillo, al castillo del noble a cantarle el siguiente poema:

*Ratas de cloaca, de bigotes mojados,*
*babosas henchidas, lagartijas saladas.*
*En la mesa de Hugo Trencacolls*
*no encontrareis otro manjar mejor.*
*En abundancia os llenará el plato.*
*Hugo ¡caray!, es un puerco,*
*no es un señor.*

El juglar se fue asustado, ensayando la canción y rumiando alguna argucia.

Le cantó el poema a Hugo y este lo encontró muy halagador.

No encontró nada ofensivo en él y le gustó tanto que lo agradeció con buenas palabras y regalos para el señor de Vernet.

Al saberlo, Bertrán quedó consternado.

¿Cómo podía Hugo encontrar halagador un poema escatológico y repulsivo?

¿Quizás había perdido la gracia de ser ofensivo?

¿Había cantado Pajarillo la misma canción que él escribió?

Pajarillo juró y perjuró que la recitó "palabra por palabra".

En la solución se muestra como lo hizo.

¿Se atreve Vd. a recitarlo para que parezca halagador antes de verla?

J. E. M. - Solo LENGUAJE (1 y 2)

### 1768. ÚNICO NÚMERO.

Existe un único número cuyo nombre no contiene ni la letra "o" ni la "e".

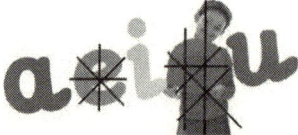

¿Qué número es?

### 1774. EL BURRO Y TÚ.
El burro la lleva a cuestas
metidita en un baúl.
Yo no la tuve jamás
y siempre la tienes tú.

### 1778. EN EL NOMBRE NO.
¿Cuál es la única letra del alfabeto que no aparece en su nombre?

### 1784. REFLEXIONE.
¿Cuál es el verbo más reflexivo que existe?

### 1788. PANTALÓN, PANTALONES.
Dos amigas van a comprar ropa.
*Una dice:* "Yo quiero un pantalón".
*La otra:* "Yo quiero unos pantalones".

¿Cómo es: pantalón o pantalones?

### 1794. SENTIDO, CON UN PUNTO.
La siguiente frase: *"Un campesino tenía un perro y la madre del campesino era también el padre del perro"*, es una frase que no tiene sentido.

Queremos que lo tenga añadiéndola solamente un punto. ¿Podrá Vd. conseguirlo?

### 1798. ENTRO Y SALGO.
¿Qué es lo contrario de "no salgo"?

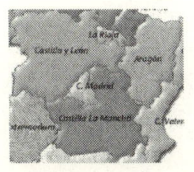

### 1804. ACENTO EN LAS CUATRO.
¿Qué palabra castellana se acentúa en sus cuatro sílabas?

### 1808. EN MAÑO.
¿Cómo se dice en maño: *"Por favor, me puede repetir lo último que me ha dicho, que no lo he entendido"*?

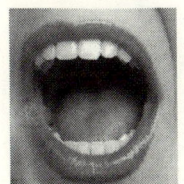

### 1814. PARA SONIA.
*Supiste una vez más
ocultar tu rostro,
negar al mundo ese don
impreciso pero dulce, así,
así amante: tu boca.*
¿Qué característica especial tiene este texto?

### 1818. ACTUAL SINONIMO DE DIMITIR.
¿Qué sinónimo le va mejor, en la actualidad, al verbo dimitir?

### 1824. CURIOSOS AUMENTATIVOS.
Existen aumentativos castellanos carentes de lógica:
Bueno - buenísimo - pistonudo.
Lejos - lejísimo - en el quinto pino.

J. E. M. - Solo LENGUAJE (1 y 2)

¿Sabría Vd. añadir alguno más de este tipo a la lista?

### 1828. GENTILICIOS DOBLES.

En cada una de las siguientes frases se esconde un gentilicio, dividido entre dos o más palabras, escrito al derecho o al revés. Encuéntrelo.

a) Ana me lastimó al romper nuestra relación.
b) Los generales, tras pensarlo mucho, al final atacaron.
c) La vieja pone sal a todas las comidas.
d) Al sentir el roce, usted debió reprenderlo.

### 1834. COLOCANDO TILDES.

Coloque las tildes convenientemente en:
"Este baul es un caos; todo esta en el revuelto.
Aun no se si ire.
Quise freir la carne, mas se acabo el gas.
La raiz de este arbol llega hasta el rio.
Ni aun el planteo bien el problema.
Cuando averigüeis la solucion pasadmela.
Me gustaria estar solo, encerrado en una celda.
¿Quienes componeis la orquesta?
¡Cuanto daria por estar alli!
Raul y Juan rehusan cuanto les des.
¿Que por qué he hecho eso? ; porque si y nada mas.
Hay que disolver quince o dieciseis gramos de azucar en el te.
Cesar trepo agilmente por las dificiles paredes de la sierra".

**Hay 34 tildes**

### 1838. DEL ABECEDARIO.

Existe en el abecedario del idioma castellano, además de la "i" latina, otra letra de origen latino.

J. E. M. - Solo LENGUAJE (1 y 2)

¿Sabe Vd. cuál es?

### 1844. FALSOS PREFIJOS.

Cuando una palabra comienza con un prefijo y este se elimina, queda una palabra con sentido, que comparte campo semántico con la original.

Así, si eliminamos el prefijo de negación *a* en la palabra *anormal*, obtenemos *normal* que expresa lo contrario; si eliminamos el prefijo de repetición *re* de la palabra *releer*, obtenemos *leer* que expresa una sola lectura frente a varias.

Algunas palabras parecen comenzar con prefijos, cuando en realidad esas letras forman parte de la propia palabra, y, al eliminarlas, se obtiene una nueva palabra carente de conexión con la inicial.

Así, si eliminamos el falso prefijo *a* en avión, obtenemos *vión*, que no quiere decir nada; pero si eliminamos el falso prefijo *re* en regalo, obtenemos *galo*, que significa francés y que no comparte campo semántico con el original.

A continuación se muestra una serie de falsos prefijos.

Abasto-basto, aburro-burro, acera-cera, acosa-cosa, agrada-grada, aguante-guante, Álava-lava, amar–mar.

Encuentre Vd. alguno más.

### 1848. V. Y C. ALTERNADAS.

¿Cuál es la palabra más larga con vocales y consonantes alternadas?

**VCVCVCVCVCVC**

### 1854. FALSOS SUFIJOS.

Los falsos sufijos son similares a los *falsos prefijos* pero en este caso se ha de eliminar la terminación de la palabra que parezca sufijo cuando no lo es.

Si eliminamos el sufijo *illo* en tomillo, obtenemos *tomo*, pasando de una planta muy olorosa a un libro como parte de una obra más extensa. Algunos tienen relación semántica, pero no es obvia -como en la pareja *cera-cerilla*- y otros la obvian al escoger un significado diferente al directo -como en la pareja *látigo-latiguillo*-.

Se muestra una serie de falsos sufijos.

Ano-anillo, ardo-ardilla, bomba-bombón, borde-bordillo, carro-carrillo, casto-castillo, cera-cerilla, estribo-estribillo, fila-filón, freno-frenillo.

Encuentre Vd. alguno más.

### 1858. VAYA FOBIA.
¿Sabe Vd. lo que es la triscadecaifobia?

### 1864. CARAJOS FAMOSOS.
Dice el DRAE que *carajo* es una expresión que se usa para expresar disgusto, rechazo, sorpresa, asombro, etc.

Veamos algunas frases famosas en las que se incluyó esta expresión malsonante, pero tan habitual.
- ¿Cuándo carajo va a parar esta lluvia? (Noé)
- ¿Cómo carajo has dicho que fue? (San José)
- ¿Cuándo carajo vamos a llegar? (Cristóbal Colón)

¿Es capaz Vd. de hacer más grande esta lista?

### 1868. A TROCITOS.
¿Qué libro se suele leer a trocitos?

### 1874. PARA LOS LINOTIPISTAS.
¿Cuál es la característica especial tiene el siguiente texto?

"Tu jefe gozaba con whisky que exprime de la viña"

### 1878. ACORTANDO.
¿Qué palabra de cinco letras se acorta al añadirle cuatro letras más?

J. E. M. - Solo LENGUAJE (1 y 2)

### 1884. IDIOMA MODERNO.
¿En qué países se habla el COBOL?

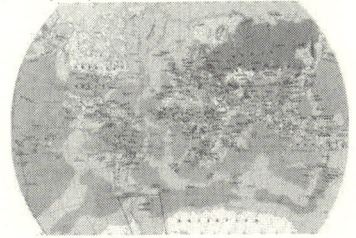

### 1888. PALABRA IMPRESIONANTE.
Podría decirse que es muy impresionante.
Contiene las cinco vocales dos veces y sólo dos veces.

Impresionante

¿Sabe Vd. de que palabra se trata?

### 1894. ARROGANTE.
¿Qué quiere decir arrogante?

### 1898. REORDENANDO.
Obtenga Vd. una palabra reordenando las letras de:

SACPRAADAI

### 1904. DEL PARAÍSO.
Piensa y lo adivinarás:
¿Qué tiene Adán delante,
que Eva tiene detrás?

### 1908. SIETE PALABRAS.
Con las letras PLBRSST y IEEAAA escriba siete palabras usando cada letra una vez.

J. E. M. - Solo LENGUAJE (1 y 2)

## 1914. SERIE DE MONEDAS.

Cada fila de monedas está asociada a un número según un criterio concreto.

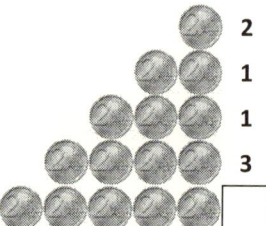

Averigüe cuál es este criterio y qué número debe colocarse en la última fila de monedas.

## 1918. INSTRUMENTO MUSICAL.

¿Qué instrumento musical se esconde en la serie adjunta?

**IRTBE, IPPAS, AIOVL, ACRIE, OPBEL**

## 1924. HORTALIZA ESCONDIDA.

Busque la hortaliza escondida en:

**OMAATFR, AUCHGEL, TVANEAL, EERDIMI, EIMNROO**

## 1928. CONSECUTIVAS.

¿Cuál es la palabra más larga con letras consecutivas del alfabeto?

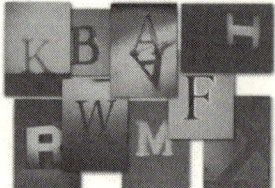

En las palabras no deben necesariamente aparecer ni en orden alfabético ni todas juntas.

J. E. M.   -   Solo LENGUAJE (1 y 2)
## 1934. SECUENCIA POÉTICA.
¿Qué números siguen en la siguiente sucesión?
**24 - 31 - 34 - 45 - 51 - 52 - 55 - ...**

Pista: Todos son números cuyos nombres contienen las cinco vocales.

## 1938. NO SE QUEME.
¿Cuál es la letra siguiente de esta secuencia?

**Q W E R T Y U I O -**

## 1944. DOS ÚLTIMAS.
Averigüe cuáles son las dos siguientes letras de la serie:

**A, E, F, H, I, K, L, M, ?, ?**

## 1948. FACILÓN.
La última soy del cielo
y en Dios el tercer lugar,
siempre me ves en navío
y nunca estoy en el mar.

¿Quién soy?

## 1954. CON LA I Y CON LA O.
Buscamos palabras castellanas de cuatro sílabas cuyas vocales sean todas íes.

Asimismo, buscamos palabras castellanas que tengan entre sus vocales cinco y seis íes.

También, buscamos palabras castellanas de cuatro y cinco sílabas cuyas vocales sean todas oes.

Asimismo, buscamos palabras castellanas que tengan entre sus vocales seis y siete oes.

¿Podrá Vd. encontrarlas?

### 1958. CONTRARIO DE MILLONARIO.
¿Qué es lo contrario de millonario?

### 1964. PALABRAS CON ECO.
Hay algunas palabras que presentan la particularidad de tener todas sus letras repetidas y en el mismo orden, como si las repitiera el eco.

Si son muy cortas son relativamente fáciles de encontrar, como por ejemplo: arar, baba, bebé, bobo, caca, fofo, mama, nono, pipí, soso... Pero la cosa se complica cuando queremos superar las cuatro letras o las dos sílabas.

Se muestran a continuación unas cuantas junto a su definición, todas están recogidas en el DRAE.

- Adorador: Que adora, reverencia, honra, ama en extremo.
- Ayayay: Interjección que refleja sentimientos, generalmente de dolor y aflicción.
- Berebere: Bereber, natural del cierta región del África septentrional.
- Bisbís: Juego de tablero.
- Borbor: Acción de borbotar, de arrancar a hervir.
- Bulbul: Ruiseñor.

¿Podrá Vd. continuar la serie aunque para ello tenga que utilizar el DRAE?

### 1968. CUADRADO MÁGICO LITERAL.
Hay que encontrar unas palabras con el mismo número de letras y disponerlas en un cuadrado de tal manera que se puedan leer en horizontal y vertical. Por ejemplo:

J. E. M. - Solo LENGUAJE (1 y 2)

**CALCO**
**AGORA**
**LOTUS**
**CRUJI**
**OASIS**

¿Podrá Vd. encontrar algún otro ejemplo?

### 1974. GRAMÁTICA CASTELLANA MACHISTA.

La asociación hispano-americana de mujeres se queja, como siempre, de que la gramática castellana es muy machista. Ejemplos:

| | |
|---|---|
| Zorro | Zorra |
| Espadachín justiciero | Puta |
| Perro | Perra |
| Mejor amigo del hombre | Puta |
| Aventurero | Aventurera |
| Osado, valiente, arriesgado | Puta |
| Ambicioso | Ambiciosa |
| Visionario, enérgico, con metas | Puta |
| Cualquier | Cualquiera |
| Fulano, mengano, zutano | Puta |
| Regalado | Regalada |
| Participio del verbo regalar | Puta |
| Callejero | Callejera |
| De la calle, urbano | Puta |
| Hombrezuelo | Mujerzuela |
| Hombrecillo, mínimo, pequeño | Puta |
| Hombre público | Mujer pública |
| Personaje prominente | Puta |
| Hombre de la vida | Mujer de la vida |
| Hombre de gran experiencia | Puta |
| Atorrante | Atorranta |
| Adj. que indica simpatía y viveza | Puta |
| Rápido | Rápida |
| Inteligente, despierto | Puta |

¿Podrá Vd. continuar la serie un poco más?

### 1978. CRIANDO ANIMALES.

¿Qué animales cría cada una de las siguientes personas?

J. E. M. - Solo LENGUAJE (1 y 2)

## ERNESTO CIRÓN - THOMAS P. OPIO INÉS PETRES
## ANA GUIS - DORIS C. LOCO

Descúbralos reordenando las letras de sus nombres y apellidos.

### 1984. NÚMEROS EN EL EJÉRCITO.
¿Cuál es la letra formada por dos números soldados?

No cabos ni sargentos, sino soldados.

### 1988. LA ABERRACIÓN DEL CARABINERO.

"Lo acontecido no es anecdótico ni un salmelesco anestésico ni un souvenir del universo sino el prefacio de una profecía. No es para emocionar a nadie, pero un camionero, pavoroso y vaporoso, está sembrando en Washington el pánico, y le copian en todo el mundo. Un belicoso en la ciudad del obelisco. Un apolítico en la sede del Capitolio. Un anárquico para acoquinar a todos. ¿Un camión en un camino, o un sorteador soterrado submarino en el urbanismo? Método cartesiano: estacionar y matar. La locura ocular de ver caer a su víctima. Pregunta purgante: ¿tú podrías contemplar el disparo? La bestialidad con una estabilidad impropia.

Sólo por su locuacidad ha claudicado: es un conversador conservador. Sin vacilación ni cavilación, hace su tasación el satánico: diez millones por no matar. Es su presupuesto superpuesto a su admonición de dominación. Nos convierte en marionetas monetarias, un pragmático pictograma ni ponderable ni perdonable. Irónicamente el renacimiento mediocre y merecido, sugeridor y resurgido, favorecido y vociferado, del resumido sumidero y de la supuración de la usurpación del bien por el mal. Es para angustiarse y santiguarse".

¿Qué característica especial tiene este texto?

J. E. M.  -  Solo LENGUAJE (1 y 2)

### 1994. TODOS LOS ABOGADOS.
¿Qué palabra de cinco letras suelen pronunciar fatal todos los abogados españoles?

### 1998. WOLFRAMIO, XENÓN Y ZAFIROS.
¿Qué característica especial tiene el siguiente texto?
*"Anoche brillaron cerca, chispeantes, dos estrellas fugaces, gravitaban hermosas iluminando juntas kilométricos lugares; llevando mágicos negros ñublos; originando planetas que relucían surcando tenues universos,... vertiendo wolframio, xenón y zafiros".*

## Los siguientes acertijos (del 2004 al 3398) corresponden a la Parte 2

### 2004. EN EL CIELO NO LA HUBO.
En el cielo no la hubo,
en el mundo no se halló;
Dios, con ser Dios, no la tuvo,
y a un pastor Dios se la dio.

### 2008. EN LA LUNA ES LA PRIMERA.
En la Luna es la primera
y la segunda en Plutón,
en la Tierra no se encuentra
y es la última en el Sol.

### 2014. HOMBRE RICO, HOMBRE POBRE.
Rememorando el título de una antigua teleserie de éxito, tenemos unos ejemplos de los diferentes nombres que se otorgan a la misma situación dependiendo de la condición económica que se disfrute (o se sufra).

J. E. M. - Solo LENGUAJE (1 y 2)

|  | Hombre rico | Hombre pobre |
|---|---|---|
| Con revólver | Precavido | Delincuente |
| Con alas | Ángel | Murciélago |
| Con maletín | Ejecutivo | Vendedor a domicilio |
| Con manicura | Play boy | Maricón |
| Conduciendo | Piloto | Chófer |
| En un prostíbulo | Mujeriego |  |
| Con un periódico |  | Buscando trabajo |
| Corriendo | Deportista |  |
| Vestido de blanco |  | Enfermo |
| Homosexual | Gay |  |
| Rascándose |  | Sarnoso |
| Con novia | Novio |  |
| Junto a un coche | Propietario |  |
| En una comisaría |  | Detenido |
| Cansado |  | Flojo de mierda |
| Con depresión |  | Desempleado |

Rellene Vd. todos los huecos de la lista.

## 2018. OXÍMORON.

El **oxímoron** es una figura literaria que armoniza dos conceptos opuestos en una sola expresión, formando así un tercer concepto que dependerá de la interpretación del lector.

Por ejemplo, un **instante eterno**, es una frase contradictoria que fuerza al lector a buscar un sentido metafórico, que en este caso sería considerar un instante tal que, por la intensidad de lo vivido durante el mismo, hace perder el sentido del tiempo. Ejemplos:

- Comida basura.
- Calma tensa.
- Camino impracticable.
- Desastre menor.
- Crecimiento negativo.
- Única opción.
- Apuesta segura.
- Secreto compartido.
- Riesgo calculado.
- Clásico moderno.
- Muerto viviente.
- Ciencia ficción.

- Vista ciega.
- Luz oscura.
- Gloria triste.
- Vida muerta.
- Mis libros están llenos de vacíos. (A. Monterroso)
- Hielo abrasador.
- Fuego helado.
- Herida que duele y no se siente. (Quevedo)
- Había en su andar una como graciosa torpeza, un principio de éxtasis. (J. L. Borges)

Estas construcciones son muy utilizadas y rara vez nos paramos a pensar en la contradicción que encierran.

### 2024. EL MÁS VENDIDO.
¿Cuál es el libro más vendido que existe?

### 2028. PEDANTES.
El término **pedante** tiene una acepción, ya en desuso, que alude al maestro que enseñaba a los niños la gramática yendo a las casas. Como iba a pie (del latín pes, pedis) se le calificaba de pedante (del italiano pedante).

Con el tiempo, el término pasó a tener una consideración peyorativa. Así, llamamos pedante a la persona engreída y que hace inoportuno y vano alarde de erudición, téngala o no en realidad.

Por ello podemos calificar de pedantes a:
- El que va al banco, no a abrir una cuenta sino a aperturarla.
- El fontanero que, después de arreglar la tubería, te cuenta que estaba obstruccionada (obstruida) y te cobra por el palabro otros 40 euros.
- Los informáticos que, en vez de encender el ordenador, lo reinicializan.
- Los que no llaman casa a su casa, sino residencia.
- Los que llaman a la pareja de alguien compañero/a sentimental.
- Los que no tienen problemas, sino problemáticas.
- Los que posicionan (ponen) sus toallas en la playa.
- Los que recepcionan (reciben) un envío.

- Los que audicionan (oyen) un cd.
- Los que visionan (ven) una película.
- Los políticos que hablan de legitimizar (legitimar) a los que nos influencian (influyen) con intencionalidad (intención), basamentándose (basándose) en que hay demasiada permisibilidad (permisividad), pero sin concretizar (concretar) medidas.

### 2034. LA CONTRASEÑA DE RAQUEL.

Mi amiga Raquel puso como contraseña en Facebook: "alegre, furiosa, deprimida, triste, enojada".

¿Sabe Vd. por qué?

### 2038. TERCERA LETRA.

¿Cuál es la tercera letra del "abecedario"?

### 2044. EL ORGULLO DE EUSTAQUIO.

Eustaquio explica muy ufano que lo que tiene él lo tiene también el filósofo Maquiavelo, pero poca gente más.
Sus amigos Godofredo, Eulalia, Luis, Antonio, Rafael y María no lo tienen.
¿Cuál es el preciado tesoro de Eustaquio?

### 2048. ANTANACLASIS.

La **antanaclasis** es una figura retórica consistente en la repetición de una o más palabras polisémicas en un mismo escrito, frase o poema, con dos sentidos semánticos diferentes.

Una palabra polisémica es aquella que tiene varios significados, como por ejemplo "lomo" (de un animal/de un libro).

Está relacionada con la ambigüedad y en algunos casos nos recuerdan a los trabalenguas.

- Ayer discutí con el camarero. ¿Por qué? ¿Cuándo? ¿Cómo? Porque cuando como me gusta que me traten con esmero.
- Con los tragos del que suelo llamar yo néctar divino, y a quien otros llaman vino porque nos vino del cielo.
- El amor es una locura que sólo lo cura el cura, y cuando el cura lo cura comete una gran locura.
- ¿Usted cómo come? ¿Que cómo como? Como como como.
- ¿Usted, no nada nada? Es que no traje traje, porque me lo guarda el guarda.
- ¿Viste cómo se viste?
- Mora que en su pecho mora.
- El acto sexual dura lo que dura dura.
- El vino vino, pero el vino no vino vino. El vino vino vinagre.
- Como como como porque como como como cuando como solo.
- ¡Que ese qué que ese me ha dado no es ese qué que ese debía darme!
- Al fin y al cabo fue el cabo quien prendió el cabo de la vela y alumbró el cuartel del cabo de Buena Esperanza. Así el teniente llevó a cabo la investigación y no quedó ni un cabo suelto.
- Juan tuvo un tubo, pero el tubo que tuvo se le rompió y para recuperar el tubo que tuvo, tuvo que comprar un tubo igual al tubo que tuvo.
- Cruzados hacen cruzados, escudos pintan escudos, y tahúres muy desnudos con dados ganan condados, ducados ganan ducados y coronas Majestad. ¡Verdad! *(Góngora)*

### 2054. PALABRA INAPROPIADA.

Conozco una palabra inapropiada
que tiene diez letras,
pero si le quito siete
me queda sólo una.

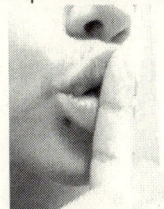

¿Cuál es la palabra?

J. E. M. - Solo LENGUAJE (1 y 2)

### 2058. SUMA QUINCE.
Reordene las letras de la siguiente expresión,

**UNO + CATORCE**

para conseguir el mismo resultado (15), pero, con otros números.

### 2064. QUINCE COMO SUMA.
Reordene las letras de la siguiente expresión,

**DOS + TRECE**

para conseguir el mismo resultado (15), pero, con otros números.

### 2068. ERROR GRAMATICAL.
En la frase *"Yo haré lo que pude"* hay un error gramatical, pero queremos corregirlo quitado una única letra. ¿Será posible?

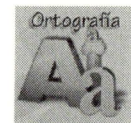

### 2074. REBÚS.
Es el nombre genérico que los franceses dan al juego de palabras. Pero también se conoce por tal nombre a unos acertijos parecidos a los jeroglíficos de la prensa escrita, con la salvedad de que pocas veces se apoyan en imágenes y pocas veces ofrecen una ayuda como la que supone formular una pregunta.

Son un enigma a resolver sin más información que las letras y las palabras combinadas y representadas de una forma especial.

Para entendernos, un ejemplo:

**A[QU]DA ACABA**

La solución es: Quien mal anda mal acaba ("anda" está mal, hay "qui" en "mal anda" y "acaba" está mal también).

¿Es capaz de resolver Vd. los siguientes?

**9 ta    GAR GAR**

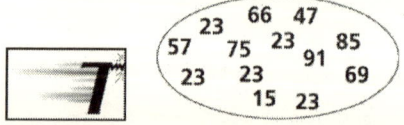

J. E. M. - Solo LENGUAJE (1 y 2)

### 2078. PERÍFRASIS.

La **perífrasis** (también llamada circunloquio) es una figura estilística, concretamente de pensamiento, que consiste en expresar mediante un rodeo, aquello que podía decirse más brevemente. Ejemplos:

- "La lengua de Cervantes", por "el castellano".
- "El país de los tulipanes", por "Holanda".
- "La que te llevó en sus entrañas", por "tu madre".
- "El eliminador de las huellas dejadas por el grafito", por "la goma de borrar".
- "Tránsito de los vacunos", por "paso de los toros".

Si su uso es comedido adorna los escritos, pero si se hace de ella un uso desmesurado puede convertir el texto en algo recargado y ampuloso que nos puede llevar a la risa.

Los siguientes versos (aunque sin rima) son la transformación de otros muy conocidos que Vd. debe averiguar fácilmente, así como el autor.

*¿No es axiomático,*
*querube de afecto,*
*que en esta apartada ribera*
*con mayor acrisolamiento*
*fulge el satélite de la Tierra*
*y se inhala ventajosamente?*

### 2084. GRUPOS DE LETRAS.

Las primeras 22 letras del alfabeto las hemos dividido en 4 grupos:

1. A C E M N O R S U V
2. B D F H K L T
3. G P Q
4. I J

¿Dónde pondría Vd.: W, X, Y, y Z?

### 2088. EXTRAÑA FRASE.

¿Puede Vd. descifrar el significado de la siguiente frase?

**edos ns ua epeu zad un**

J. E. M.  -  Solo LENGUAJE (1 y 2)

### 2094. LA FRASE DEL NOBEL.

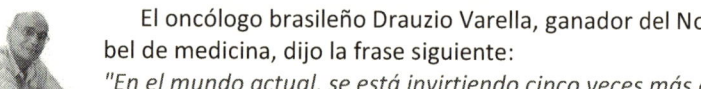

El oncólogo brasileño Drauzio Varella, ganador del Nobel de medicina, dijo la frase siguiente:
*"En el mundo actual, se está invirtiendo cinco veces más en medicamentos para la virilidad masculina y silicona para mujeres, que en la cura del Alzheimer. De aquí a algunos años, tendremos viejas de tetas grandes y viejos con pene duro, pero ninguno de ellos se acordará para que sirven".*

### 2098. PARA LOS POETAS.
¿Cuál es la letra siguiente en la serie?

B, C, D, E, G, ...

### 2104. LA DOCENA.
¿Cómo continúa la serie siguiente?

E, F, M, A, M, J, ...

### 2108. LA PALABRA INTRUSA.
Entre las siguientes palabras hay una que no guarda relación con las demás.

GIMNASIA – MONTAÑA – TORTILLA – TORTURA
ALFILER - ENSALADILLA
¿Cuál es?

### 2114. SERIE TRAMPOSA.
¿Cómo continúa la siguiente serie?

### 2118. DE ANIMALES.
Encuentre el animal más pequeño escondido en:
NAOGURNAT
CAAV - TORAN
PERSINETE - ARJAFI.

J. E. M. - Solo LENGUAJE (1 y 2)

## 2124. VIAJE A LAS ANTÍPODAS.

Una **antípoda** es aquella palabra que tiene sentido al leerla en orden inverso cuando trasladamos la letra inicial al final. Por ejemplo "ROMA", al pasar la r al final y leerla al revés, es "RAMO". O "MAJARÁ", que se convierte en "MARAJÁ".

También se considera antípoda si la palabra, excluida la inicial, forma un palíndromo, como "monótono" o "petate" ya que, en estos casos, se cumple la misma condición al trasladar la inicial y leer al revés, sólo que en este caso la nueva palabra es idéntica a la primera.

¿Se le ocurren a Vd. más ejemplos de antípodas?

## 2128. DE COLORES.

Encuentre el color que hay escondido en:

**BABOLI - ROMDAO - TELAMAR**
**SEBIT - NATOUSA**

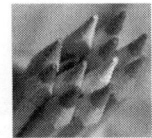

## 2134. LA NUEBA ORTOGRAFIA.

*En el 2174 tenemos uno similar.*

Relata Augusto Cuartas en sus Curiosidades del Lenguaje que "el

bolígrafo alemán Heuropa debe su éxito a la letra inicial. Todos los que entraban en la tienda a advertir que Europa se escribía sin h, compraban alguno".

Esta anécdota es bien expresiva de uno de los saberes más inútiles pero a la vez más anclados en la conciencia "cultural" de muchas personas en nuestra época: el mantenimiento a toda costa de las convenciones ortográficas heredadas del siglo XV, convertidas hoy en una liturgia cultural más.

¿Existe alguna institución de esa época que permanezca hoy tan intocada? ¿Por qué no se afanan en el objetivo de mejorarla los revolucionarios, hoy que hay tantos para todo? Y el caso es que los que podrían acometer la empresa no lo hacen o lo hacen muy tímidamente: en octubre de 1984 el colombiano y Premio Nobel de Literatura Gabriel García Márquez escandalizó a muchos hispanohablantes (o, mejor, hispanoescribientes) diciendo en Madrid que "habría que suprimir los acentos de la lengua castellana". Su declaración, como muchas otras parecidas, perdía fuerza al hacerse sospechosa en sus últimas palabras: "En mis originales los utilizo, pero los utilizo mal".

Sin embargo, no siempre los intentos de simplificar la ortografía de la lengua castellana han partido de quienes no la dominan y desean suprimir un obstáculo para remediar su incapacidad para saltarlo. Ya Mateo Alemán, el gran narrador sevillano del siglo XVI, creó en México un sistema ortográfico de 25 letras, sin éxito. El padre Benito Feijoo, por boca de su personaje fray Gerundio de Campazas, abogaba por ciertos cambios, como la supresión de la u tras la q. En nuestros tiempos, Juan Ramón Jiménez cultivaba la "rareza" de usar sólo la j ante e, i aspiradas. Y algunos escritores hispanoamericanos se han lanzado por libre a sustituir la copulativa y por i, cuando no a aventuras más radicales.

Se ha argüido que la fijeza en el grafismo de una palabra es condición necesaria para una rápida identificación y lectura, en lo que estamos de acuerdo, aunque ello no debe encorsetar para siempre esta misma grafía. En la época de la Renaixença catalana muchos escritores en esta lengua estimaban como signo de riqueza y variedad la proliferación de grafías (la palabra amb llegaba a escribirse de ocho maneras distintas), pero, en estas condiciones, el avance técnico de la lengua y su capacidad universalizadora permanecieron estancadas hasta la reforma de Pompeu Fabra (1913), que por cierto simplificó buena parte de convenciones y grupos arcaicos, aunque sin la audacia de otras lenguas como el italiano, del cual están ausentes la h, k, w, x, y, sin que nadie pueda acusar a la lengua de Dante de falta de armonía o belleza gráfica.

Sería hora pues de pensar en serio en la reforma ortográfica del castellano, que lejos de responder a iniciativas de francotiradores revolucionarios debería venir auspiciada por la Real Academia de la Lengua para facilitar su aceptación y efectuarla coordinadamente, limitando así al mínimo el aludido problema de la identificación. ¿Se animarán nuestros inmortales a hacerse de veras inmortales dando vía libre a la evolución lingüística en el plano gráfico? Recuerden nuestros respetados sacerdotes de la literatura gráfica que por muy correctas y respetables que sean las razones etimológicas, a fin de cuentas casi a nadie interesa que haya que escribir cabra con b porque esta letra sea más afín que la v a la p (latín capra), aparte de que esta barroca explicación tampoco acaba de dejarnos satisfechos, ya que entonces, ¿por qué escribimos viga y no biga (latín biga)? Si la lengua está al servicio del hombre, tarde o temprano habrá que dar el paso. Al fin y al cabo, si nuestros gramáticos de los siglos XV-XVI fueron capaces de abandonar audazmente las convenciones latinas para lanzarse a la constatación fonética de la nueva lengua, ¿por qué no hemos de ser nosotros tan valientes como ellos y dejar de considerar el castellano cervantino como un neo-latín encorsetador de inspiraciones, coartador de espontaneidades y sembrador de errores?

La Literatura Potencial (LIPO) propone un plan para alcanzar este objetivo sin traumas, inspirándose en el que hace ya muchos años pensó George Bernard Shaw para la lengua inglesa, por cierto mucho más complicada ortográficamente que la nuestra. En unos pocos años podría llegarse a una ortografía fácil, racional y bella sin amargar la vida a los alumnos ni a los profesores de la actual generación escritora, habituada a las normas ortográficas del DRAE.

Coincidimos con García Márquez en que el aspecto más innecesario y por tanto más prescindible de la actual ortografía castellana son los acentos, que serían el primer punto de ataque. No se comprende este afan por guiar tan minuciosamente la pronunciacion, especialmente si se acompaña de un desden tan notorio hacia la grafia. Ingles, aleman, italiano y tantos otros idiomas se pasan perfectamente sin estas molestas virgulillas, y como ellos hariamos nosotros, sin que nadie dejar por ello de saber cual es la silaba tonica de una palabra. De hecho, ya la escritura por e-mail ha llegado a esta conclusion por otros caminos.

El segundo año del Plan de Reforma Ortografica del Castellano (en adelante PROC) ya prodrian acometerse cosas de mas envergadura, eliminando de una vez la molesta h, salvo en la palabras extranjeras, donde abitualmente es pronunciada. ¡La erencia cervantina mas pesada, la pesadilla ortografica infantil mas orrorosa, eliminada al fin!

Como estos cambios abrian sido sencillos y bien acogidos, podria continuarse el año siguiente con la unificacion de las letras b/v a la primera, en la cual an conbergido ambas foneticamente, cosa que esperamos no bulneraria los sentimientos de quienes todabia opinan que debe distinguirse su pronunciacion.

En el cuarto año ya nos atreberiamos a empresas mayores erradicando la c y la q, ke serian substituidas, según los kasos, por la z o la k. Ay ke dezir ke, aprobechando la okasion, tambien se suprimiria la inutil x, ke se konbertiria en s, ks o gs, segun su pronunziazion. El grado de eksaktitud fonetika konseguida a estas alturas seria ya konsiderable.

Para deskansar un poko, el kinto año nos limitariamos a reformas pekeñas, ke kaerian komo fruta madura: se suprimiria tambien la y por innezesaria, i se simplifikarian las komplikazioness aktuales con las letras g/j. La primera sonaria siempre gutural oklusiba, sin nezesidad de u interpuesta, i la segunda frikatiba. Ninguna difikultad, ninguna gerra darian estas nuebas medidas, ke alijerarian ia kasi totalmente la lengua.

I, en fin, en el sesto año de la PROK entrariamos ia a fondo en la reforma. ¡Fuera los sinos inutiles! Las letras mudas serian suprimidas sin miserikordia komo antes se abia echo con la ache, i la grafia se adataria a la autentika pronunziazion. Palabras komo imbento, berda o argo podrian ofrezer un aspeto un poko estraño al prinzipio, pero pronto nos akostumbrariamos. Inkluso, con un poko de audazia, se podria aprobechar la letra c, ke abria kedado libre, para sustituir kon ella la atual ch, komo azen los italianos. I asi, en un plazo tan brebe como seis años abriamos akabado disfrutando de una lengua senzilla i tanto o mas armoniosa bisualmente de lo ke pueda ser el antikuado kastellano atual, prisionero de kombenziones i lastres ke nos atan inutilmente al pasado, azen difizil el aprendizaje i perpetuan la bijenzia de kapricosas grafias, kiza balidas i mui respetables en otras epokas, pero cocas i bazias oi de sinifikado i utilida para el pueblo.

(Jose Mª Albaigés. Barcelona, Octubre 1985)

### 2138. PUNTUACIÓN Y SIGNOS.

Observe detenidamente el párrafo siguiente:
"Cuál es una palabra de 4 letras que tiene 3 aunque se escribe con 6 mientras tiene 8 raramente se escribe con 9 y nunca se escribe con 5".

La ausencia de signos de puntuación hace que no podamos entenderlo.

¿Sabría colocarlos Vd. para el párrafo tenga sentido?

### 2144. LETRA A LETRA.

¿Qué letra seguiría a continuación de las siguientes?

S O N D O D T C Q

### 2148. MENTIRAS.

Existen unas ciertas frases que, aunque se pronuncien con sinceridad, tienen un cierto aroma a excusa, a mentira.

Basta que se den las circunstancias, el entorno adecuado, para que la más pura de las verdades suene a mentira podrida.

Es suficiente imaginar a un estudiante que olvidó en casa, en el último día de plazo, el trabajo a presentar, jurándole y perjurándole al maestro que sí que lo hizo pero lo olvidó.

Veamos otros ejemplos:
- Este año sí me pongo a estudiar.
- No te va doler.
- Un par más y nos vamos.
- Estaba a punto de llamarte.
- ¿Yo?... ¿Con esa?... ¡Nunca!
- El profe me tiene manía.
- ¿Yo te debo?... Ni me acordaba.
- Por culpa del árbitro.
- Te estuve llamando, pero daba ocupado.
- Me voy al cine sola.
- En cinco minutos estoy con Vds.
- Le aseguro que pasé en ámbar.
- Paga tú, que mañana te lo devuelvo.
- Te lo juro por mi madre que te lo envié.
- No, no, yo te llamo.
- Ayer estaba enfermo.
- No pude ir porque me robaron.
- Se me perdió tu teléfono.
- Veo si tengo correo y me desconecto.
- Sí, el coche es mío.
- ¡Qué casualidad! Estaba pensando en ti.
- Sólo somos amigos.
- Se cayó solo y se rompió.
- Mañana empiezo.
- ¡Pero si yo esta vez estudié!
- ¡Me gustaste desde la primera vez que te vi!
- Te llamo en cinco minutos, ¿de acuerdo?
- Ven más tarde porque ahora voy a salir.
- Aún no he cobrado.
- ¡Qué bien te queda el vestido!
- Sí, choqué, pero la culpa la tuvo el otro.
- Borracho nunca estuve, sólo un poco contentito.
- No tengo teléfono, pero dame el tuyo que yo te llamo.

- Por favor, yo soy una persona decente.
- Llego tarde porque estuve en la biblioteca.
- Mis ojos están irritados porque estoy resfriado.
- Te juro que nunca lo pensé.
- ¡Oh! No me di cuenta.
- Mañana te traigo tus Cds.
- Te debo tu regalo.
- Dame tiempo.
- Cuando me case nunca más miraré a otra.
- Estaba haciendo zapping y lo vi.
- Te juro que no quise decir eso.
- ¡Claro que el cheque tiene fondos!
- Te juro que no se lo voy a contar a nadie.
- El lunes empiezo la dieta.
- Sí, salí con él, pero no pasó nada.
- Préstamelo y mañana te lo devuelvo.
- Tienes los ojos más lindos que vi en mi vida.
- Haré lo que tú digas.
- Jamás te olvidaré.

### 2154. REFRANES E IMAGINACIÓN.

Los refranes son expresiones que destacan por su capacidad para el enfrentamiento dialéctico entre dos rivales.

Cuando no encontramos un recurso, razonamiento convincente, para desarmar a nuestro interlocutor, recurrimos a un refrán.

En la mayoría de los casos el refrán surgió como una cita, pensada por alguien que se mantiene en el anonimato.

El refrán puede adoptar estructuras diferentes:
Estructura binaria simple:
- Quien mal anda, mal acaba.
- Ojos que no ven, corazón que no siente.
- En casa del herrero, cuchillo de palo.

Estructura reforzada por rimas:
- Haz el **bien** sin mirar a **quién**.

Repetición de palabras:
- El **diablo** sabe por **diablo** pero más sabe por viejo.

Oposición de conceptos:
- **Pan** para hoy, **hambre** para mañana.

- Más vale **malo** conocido que **bueno** por conocer.

Recordando un artículo de Maite Alvarado, publicado en el año 1986 en la revista Cacumen, podemos ver como el refrán puede adornar el diálogo, con retazos de ingenio, de dos imaginativos personajes:

- Perdone, caballero, pero yo estoy esperando que me atiendan desde hace un rato largo, cuando todavía no habían abierto, y usted acaba de llegar, así que no pretenda ponerse delante de mi.
- ¡Ah! Disculpe, no me di cuenta de que había una fila. Pero no es para tanto. Me iré atrás del todo, total, **no por mucho madrugar amanece más temprano**...
- Así es, pero no se olvide que **al que madruga, Dios le ayuda**, caballero.
- ¡Bah! Si de Dios se trata, usted y yo sabemos por sus propios labios que **los últimos serán los primeros**, de modo que me voy tranquilo al final de esta fila, que cada vez es más larga... Buenos días.
- Buenos días y recuerde que **no hay mal que por bien no venga**.

### 2158. OBAMA TRAE EL CAMBIO.

Interesante ambigrama de Wm Jas en el que se puede leer a la vez Obama y Change ("cambio").

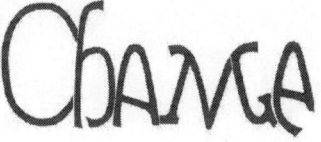

### 2164. AFORISMOS.

También llamados "tags" en el mundo de la comunicación electrónica. Son frases que condensan más sabiduría de lo que parece a primera vista. Para leer, sonreír y meditar.

- Yo estoy en forma... redondo es una forma ¿no?

- Me gustaría haber visto la cara del primer mono que se dio cuenta de que era un hombre.
- Obtuvo el éxito gracias a su primera mujer, y su segunda mujer gracias al éxito.
- Como dije antes: nunca me repito.
- Ojo por ojo: ojo al cuadrado.
- Nunca se pierden los años que se quita una mujer. Van a parar a cualquiera de sus amigas.

J. E. M. - Solo LENGUAJE (1 y 2)

- Muchos se enamoran de un lunar, una cara o una curva, y se terminan casando con toda la mujer.
- Nada hace falta en los funerales de los ricos, salvo alguien que sienta su muerte.
- Es totalmente cierto que el vino gana con los años: cuánto más viejo me hago, más me gusta.
- Hay gente que está demasiado educada para hablar con la boca llena, pero no les importa hacerlo con la cabeza vacía.
- Tengo que ir al oculista, pero nunca veo el momento.
- Lo malo de los parientes, es que son de la familia.
- La naturaleza es sabia, pero los hombres le están lavando el cerebro.
- El que trabaja es porque no sirve para otra cosa.
- Yo voy al dentista a regañadientes.
- Los pobres pueden ser sinceros, pero es difícil imaginar a los ricos sin ceros.
- Lo bueno del trabajo en equipo es que permite echarle la culpa a otro.
- A las cuatro de la mañana nunca se sabe si se es demasiado tarde o demasiado temprano.
- Si a la primera no lo haces bien, lo tuyo no es el paracaidismo.
- La pereza es la madre de todos los vicios, y como a la madre hay que respetarla.
- El diplomático es un sujeto que piensa dos veces antes de no decir nada.
- Una boda es una tragedia en dos actos: civil y religioso.
- Un jurado es un grupo escogido para decidir quien tiene el mejor abogado.
- El güisqui es el mejor amigo del hombre; es como un perro embotellado.
- Mi esposa es una inmadura. Cuando me baño me hunde los barcos.
- Tras el Plácido Domingo viene el Jodido Lunes.
- No es cierto que los notarios den fe; la cobran.
- Las canas ya no se respetan. Se tiñen.
- Si no eres parte de la solución eres parte del problema.
- Toda cuestión tiene dos puntos de vista: el equivocado y el mío.
- Lo importante no es saber, sino tener el teléfono del que sabe.
- Es mejor ser un hombre pobre que un pobre hombre.
- Rectificar es de sabios equivocados.

J. E. M. - Solo LENGUAJE (1 y 2)

## 2168. FRASES Y PALABRAS.

Observe las siguientes frases y las palabras que en ellas se han resaltado:

- Trabaja a destajo para mantener el **statu quo**.
- No demos más vueltas al asunto, porque el **quid** de la cuestión es el dinero.
- El Papa impartió su bendición **urbi et orbi**.
- Para organizar el encuentro, primero tienes que perdonarle. Es una condición **sine qua non**.
- Tuvimos un **quid pro quod** que enfrió la amistad.
- Tocaron a mil euros **per cápita** y quedaron muy contentos.
- Acordaron hacer un minuto de silencio **in memoriam** del compañero fallecido.
- No han especificado ningún tipo de protocolo podemos vestirnos **ad líbitum** para la ceremonia.
- Tomó el acuerdo **motu propio** de no asistir nunca más a aquellas reuniones.
- En la discusión parlamentaria hizo una propuesta **in voce**.

¿Conoce Vd. el significado correcto de las palabras subrayadas?

## 2174. REFORMAS ORTOGRÁFICAS.

*En el 2134 tenemos uno similar.*
*El siguiente texto completo circula por la red.*

La Real Academia de la Lengua dará a conocer próximamente la reforma Modelo Siglo XXI de la ortografía española, que tiene como objetivo unificar el español como lengua universal de los hispanoparlantes.

El documento revela cómo se llevará a cabo dicha reforma.

Será, pues, una enmienda paulatina, que entrará en vigor poco a poco, para evitar confusiones.

La reforma hará mucho más simple el castellano de todos los días, pondrá fin a los problemas de ortografía que tienden trampas a futbolistas, abogados y arquitectos de otros países, especialmente los iberoamericanos, y hará que nos entendamos de manera universal quienes hablamos esta noble lengua.

La reforma se introducirá en las siguientes etapas anuales:

J. E. M. - Solo LENGUAJE (1 y 2)

Supresión de las diferencias entre c, q y k.- Komo despegue del plan, todo sonido parecido al de la k (este fonema tiene su definición téknika lingüística, pero konfundiría mucho si la mencionamos akí) será asumido por esta letra.

En adelante, pues, se eskribirá kasa, keso, Kijote.

También se simplifikará el sonido de la c y la z para igualarnos a nuestros hermanos hispanoamericanos que convierten todas estas letras en un úniko fonema s. Kon lo kual sobrarán la c y la z: "el sapato de Sesilia es asul".

"Por otro lado, desapareserá la doble c y será reemplasada por x: "Tuve un axidente en la Avenida Oxidental". Grasias a esta modifikasión los españoles no tendrán ventajas ortográfikas frente a otros pueblos hispanoparlantes por su estraña pronunsiasión de siertas letras.

Así mismo, se funden la b kon la v; ya que no existe en español diferensia alguna entre el sonido de la b larga y la v chikita. Por lo kual, a partir del segundo año, desapareserá la v y beremos kómo bastará con la b para ke bibamos felises y kontentos.

Pasa lo mismo kon la elle y la ye. Todo se eskribirá con y: "Yébeme de paseo a Sebiya, señor Biyar". Esta integrasión probokará agradesimiento general de kienes hablan kasteyano, desde Balensia hasta Bolibia. Toda b será de baka, toda v será de burro.

La hache, kuya presensia es fantasma en nuestra lengua, kedará suprimida por kompleto: así, ablaremos de abichuelas o alkool.

A partir del tercer año de esta implantación, y para mayor konsistensia, todo sonido de erre se eskribirá con doble rr: "Rroberto me rregaló una rradio".

No tendremos ke pensar kómo se eskribe sanaoria, y se akabarán esas komplikadas y umiyantes distinsiones entre "echo" y "hecho". Ya no abrá ke desperdisiar más oras de estudio en semejante kuestión ke nos tenía artos.

Para ebitar otros problemas ortográfikos se fusionan la g y la j, para que así jitano se eskriba komo jirafa y geranio komo jefe. Aora todo ba con jota: "El jeneral jestionó la jerensia". No ay duda de ke esta sensiya modifikasión ará que ablemos y eskribamos todos con más rregularidad y más rrápido rritmo.

Orrible kalamidad del kastellano, en jeneral, son las tildes o asentos. Esta sancadiya kotidiana jenerara una axion desisiba en la rreforma; aremos komo el ingles, que a triunfado unibersalmente sin tildes. Kedaran ellas kanseladas desde el kuarto año, y abran de ser el sentido komun y la intelijensia kayejera los ke digan ake se rrefiere kada bocablo. Berbigrasia: "Komo komo komo komo!"

J. E. M.   -   Solo LENGUAJE (1 y 2)

Las konsonantes st, ps o pt juntas kedaran komo simples t o s, kon el fin de aprosimarnos lo masimo posible a la pronunsiasion iberoamerikana. Kon el kambio anterior diremos ke etas propuetas osionales etan detinadas a mejorar ete etado konfuso de la lengua.

Tambien seran proibidas siertas konsonantes finales ke inkomodan y poko ayudan al siudadano. Asi, se dira: "ke ora es en tu relo?", "As un ueko en la pare" y "La mita de los aorros son de agusti". Entre eyas, se suprimiran las eses de los plurales, de manera que diremos "la mujere" o "lo ombre".

Despues yegara la eliminasion de la d del partisipio pasao. El uso a impueto ke no se diga ya "bailado" sino "bailao", "erbido" sino "erbio" y "benido" sino "benio". Kabibajo asetaremo eta kotumbre bulgar, ya ke el pueblo yano manda, al fin y al kabo; dede el kinto año kedaran suprimia esa de interbokalika ke la jente no pronunsia.

Adema, y konsiderando ke el latin no tenia artikulo y nosotro no debemos imbentar kosa que nuetro padre latin rrechasaba, kateyano karesera de artikulo. Sera poko enrredao en prinsipio, y ablaremo komo fubolita yugolabo, pero depue todo etranjero beran ke tarea de aprender nuebo idioma rresultan ma fasile.

Profesore terminaran benerando akademiko ke an desidio aser rreformas klabes para ke sere umano ke bibimo en nasione ispanoablante gosemo verdaderamente del idioma de Serbante y Kebedo.

ESO SI: nunka asetaremo ke potensia etranjera token un kabeyo de letra eñe. Eñe rrepresenta balore ma elebado de tradision ispanika y primero kaeremo mueto ante ke asetar bejasione a simbolo ke a sio korason bibifikante de istoria kastisa epañola unibersa.

### 2178. LOGOTIPO ANIVERSARIO.
El siguiente logotipo fue creado para celebrar un aniversario.

¿Sabe Vd. cuál?

### 2184. CICLOGRAMAS.
Se trata de la búsqueda de palabras que acaben igual que empiezan. O sea, que las primeras letras se repitan en el mismo orden al final de la palabra.

Por ejemplo Amsterdam y nana, son ciclogramas de grado 2, porque sus dos primeras letras se repiten al final, am-am y na-na, respectivamente. En este sentido todos los palíndromos son ciclogramas de grado uno, pues acaban con la misma línea que empiezan.

Es obvio, que cuanto más larga sea la palabra mejor será el ciclograma, y si no sobran letras será más puro que si sobran. Así podemos decir que nana es mejor ciclograma que Amsterdam.

De grado 2 hay muchos, incluso puros: Asas – bebe – bobo – coco – mamá – nene - papá – pipí – rara – soso.

De grado 3 también hay muchos: Cancán – cuscús – tantán – cósmicos - Dosificados – ionización – tantarantán.

De grado 4 es más difícil, y más si han de ser puros: Adosados – adorador – abandonaban.

### 2188. TRES ENTONACIONES.

¿Cuál es la única palabra castellana, de tres sílabas, que tiene tres distintas entonaciones según el país en el que se pronuncie?

**ENTONACIONES**

### 2194. POR SUPUESTO.

- ¿Así que la central general le ha mandado a esta oficina por algo para salir de la crisis?

- Sí, por supuesto.
- Estupendo, me parece bien. ¿Está seguro?
- Claro, ¿por qué no? Mejor comencemos de nuevo, creo que ha habido una confusión.
- Bueno, como Vd. quiera. ¿Así que la central general le ha mandado a esta oficina por algo para salir de la crisis?
- Sí, por    su    puesto.

### 2198. SÓLO FALTA UNA.

¿Qué letra falta en la siguiente serie?

**B C D E I K O X**

## 2204. ACENTOS Y TILDE.

El acento prosódico es la mayor intensidad con que se pronuncia una sílaba dentro de una palabra. Por eso se denomina también acento de intensidad.

Dentro de una palabra la sílaba que se pronuncia con más fuerza es la **sílaba tónica**. Por ejemplo en la palabra «candelabro» la sílaba tónica sería «la». Las demás sílabas no llevan acento y se denominan sílabas átonas. En el ejemplo anterior las sílabas átonas serían «can», «de» y «bro».

**Tipos de palabras según el acento.**

Una palabra es **aguda** cuando su sílaba tónica es la última, por ejemplo «tapón».

Una palabra es **llana** cuando su sílaba tónica es la penúltima, por ejemplo «futuro».

Una palabra es **esdrújula** cuando su sílaba tónica es la antepenúltima, por ejemplo «árboles».

Para recordar esta terminología podemos usar la siguiente regla nemotécnica: «ELLA»

| Antepenúltima | Penúltima | Última |
|---|---|---|
| E | LL | A |
| Esdrújula | Llana | Aguda |
| árboles | futuro | tapón |

La **tilde** o acento ortográfico es una rayita inclinada (´) que se escribe sobre la vocal de la sílaba tónica de algunas palabras.

**Reglas generales de acentuación.**

Se escribe la tilde o acento ortográfico sobre la vocal de la sílaba tónica en los siguientes casos:

• Las palabras agudas llevan tilde en la vocal de la sílaba tónica cuando terminan en vocal, "n", o "s". Ejemplos: cantaré, cajón, además.

• Las palabras llanas llevan tilde en la vocal de la sílaba tónica cuando terminan en consonante que no sea "n" ni "s". Ejemplos: árbol, Cádiz, álbum.

• Todas las palabras esdrújulas llevan tilde en la vocal de la sílaba tónica. Ejemplos: bárbaro, pájaro.

**Palabras con posibilidad de acentuación en tres de sus sílabas.**

En la siguiente relación de palabras el acento prosódico tiene valor distintivo según la sílaba en la que recae:

J. E. M. - Solo LENGUAJE (1 y 2)

adúltero - adultero - adulteró
amplio - amplío - amplió
ánimo - animo - animó
árbitro - arbitro - arbitró
artículo - articulo - articuló
cálculo - calculo - calculó
cántara - cantara - cantará
capítulo - capitulo - capituló
catálogo - catalogo - catalogó
centrífugo - centrifugo - centrifugó
círculo - circulo - circuló
cómputo - computo - computó
continuo - continúo - continuó
crítico - critico - criticó
cronómetro - cronometro - cronometró
cúbico - cubico - cubicó
depósito - deposito - depositó
diagnóstico - diagnostico - diagnosticó
ejército - ejercito - ejercitó
émulo - emulo - emuló
específico - especifico - especificó
estímulo - estimulo - estimuló
género - genero - generó
hábito - habito - habitó
incómodo - incomodo - incomodó
índico - indico - indicó
íntimo - intimo - intimó
inválido - invalido - invalidó
lícito - licito - licitó
límite - limite - limité
líquido - liquido - liquidó
máscara - mascara - mascará
médico - medico - medicó
módulo - modulo - moduló
número - numero - numeró
óvulo - ovulo - ovuló
práctico - practico - practicó
pródigo - prodigo - prodigó
prolífero - prolifero - proliferó
pronóstico - pronostico - pronosticó
público - publico - publicó

retículo - reticulo - reticuló
rótulo - rotulo - rotuló
solícito - solicito - solicitó
término - termino - terminó
título - titulo - tituló
tránsito - transito - transitó
triángulo - triangulo - trianguló
último - ultimo - ultimó
válido - valido - validó

### 2208. TRES EFES.

¿Qué persona manifiesta gustos propios de una clase social acomodada o se cree superior a los demás?
Es la única palabra con tres efes.

### 2214. CONJUGACIONES VERBALES.

Es cosa bien sabida que los actos no se miden con el mismo rasero dependiendo de quién los cometa. Aquello de ver la paja en el ojo ajeno y no la viga en el propio.

A continuación unos verbos según se suelen conjugar:

Yo soy firme.
Tú eres testarudo.
Él es más terco que una mula.

Yo soy un sibarita.
Tú eres un comilón.
Él devora como un animal.

Yo reposo.
Tú dormitas.
Él vaguea.

Yo estoy ingenioso.
Tú hablas demasiado.
Él está borracho.

Yo estoy indignado con razón.
Tú estás enfadado porque sí.
Él arma un escándalo por una tontería.

J. E. M. - Solo LENGUAJE (1 y 2)

Yo canto.
Tú desafinas.
Él se desgañita.

Yo me informo.
Tú chafardeas.
Él es un cotilla.

Yo estoy un poco llenita.
Tú estás gorda.
Ella está como una vaca.

### 2218. SIGUE Y PRECEDE.
Escriba entre paréntesis una palabra de cinco letras tal que, si va precedida de las letras a la izquierda del paréntesis o seguida de las letras de la derecha, forma en cada caso una palabra de siete letras.

a) GA(x x x x x)CA.
b) TERMO(x x x x x)POLITANO.
*(Clave: Transporte)*

### 2224. REVISTA ANTIGUA.

Es una buena revista,
lectura muy agradable.
Promotor que nos conquista,
reuniendo citas amables.
Olvidar hace la preocupación
mientras la leemos con agrado.
Ocupando un rato la atención
todo muy bien explicado.
Oasis de las almas, de la risa y la razón
renueva dulcemente la paz del corazón.
¿Sabe Vd. de qué revista mensual se trata?

### 2228. SERIE DE PALABRAS.
Las siguientes palabras forman una serie lógica:

**pala – beban – acción
dardo - diente - alifafe**

¿Cuál seguiría: millar, griego, venas o kilos?

J. E. M.   -   Solo LENGUAJE (1 y 2)

### 2234. LA ORQUESTA.

Seis amigos míos, León Volico, Cora Jantob, Lina Damon, René Ticla, Meter Nada y Rita Lungo han formado una orquesta.
¿Qué instrumento toca cada uno?

### 2238. NI LA O NI LA E.

¿Cuál es el único número cuyo nombre no tiene ni o ni e?

### 2244. NÚMERO Y LETRA.

¿En qué se parecen el número 12 y la letra i?

### 2248. RESPUESTA ENIGMÁTICA.

Me preguntaron recientemente por el método que yo utilizo para encontrar tan rápidamente la solución de los acertijos que me proponen.
Mi respuesta fue: **U**.
¿Qué es lo que quise decir?

### 2254. MENSTRUAL.

¿Qué curiosa característica puede apreciar Vd. detenidamente la palabra adjunta?

### 2258. JAZZ.

¿Qué curiosa característica puede apreciar Vd. observando detenidamente la palabra adjunta?

### 2264. LAS 5 VOCALES ORDENADAS.

Hay muchas palabras en español que contienen las 5 vocales.

Conoce Vd. alguna que las contenga en orden (es decir a,e,i,o,u) y en orden inverso.

### 2268. MINISTRO MUY ORDENADO.
El ministro español de Educación, Cultura y Deporte, José Ignacio WERT, tiene un apellido con una característica muy especial.
¿Sabe Vd. cuál es?

### 2274. ESTUVE.
¿Qué curiosa característica puede apreciar Vd. observando detenidamente la palabra adjunta?

### 2278. ALFABETO FONÉTICO.

En muchas películas bélicas y en otras en las que haya comunicación por radio es habitual escuchar aquello de: *Delta, Zulú, Eco, Charlie...*
¿Sabe Vd. por qué?

### 2284. NOMBRE DE MUJER.
¿Conoce Vd. algún nombre de mujer, de dos letras, con tilde?

### 2288. EL PROFESOR.
¡Bravo!, Juan, le dijo el profesor al alumno, sin embargo no estaba contento con él.
¿Por qué?

### 2294. SINGULAR Y PLURAL.
Buscamos una palabra que sea masculino en singular y femenino en plural.
¿Conoce Vd. alguna?

#### 2298. COMPLETE LA PALABRA.
Usando sólo una letra, distinta de la E, complete la siguiente palabra para que tenga significado.

# PERCEB _

#### 2304. CINCO ACEPCIONES.
Buscamos un tiempo verbal, una fruta, una ciudad, una herramienta y una planta.
Pero, todo ello sólo en una palabra.
¿La encontrará Vd.?

#### 2308. ERRE QUE ERRE.
Encuentre Vd. al menos una palabra con la letra "r" repetida cinco veces.

#### 2314. HAY AMOR.
Entre la última y la primera hay amor.

_ _
¿Qué es?
*Pista: Es una capital española.*

#### 2318. ¿QUIEN ES LA SEGUNDA?
Estoy con una amiga, un joven estudiante y un anciano esperando el autobús.

Si yo soy la primera persona en subir al autobús y ella es la tercera, ¿quién es la segunda persona en subir?

## 2324. PROFESIÓN PREDESTINADA.

¿A qué profesiones están predestinadas las siguientes personas?

**JUAN RICO**
**ROD REAGAN**
**TOMÁS TRIANA**
**RAMÓN SOTO**
**TEO CAMISÓN**

*(Todas aparecen en el diccionario de la RAE)*

## 2328. PÁRRAFO EXTRAÑO.

Observe el siguiente párrafo:

> Un párrafo poco usual, muy poco usual.
> ¿Cómo lograr captar lo inusitado?
> Busco y busco, y no lo hallo.
> Malo mi sino, vivo intranquilo.
> Ayuda solicito a gritos.
> ¿Podrán lograrlo algunos individuos?
> ¿Ancianos? ¿Adultos? ¿Muchachos?
> ¿Niños? ¿O niñas?
> Quizá sí, quizá no... yo, hasta ahora, no.
> Y ahora, arribará su turno.

*Nota:* En esta nota podrá ver la respuesta.

## 2334. SINGULARIDAD DEL VERBO HABER.

Las siguientes frases, pronunciadas en rueda de prensa, muestran el error de pluralizar el verbo haber, señal inequívoca de que los redactores (o los políticos) desconocen que el mencionado verbo no tiene plural cuando es impersonal y significa existencia.

*"Necesitamos que hayan mediadores internacionales".*
*"Sobre él habían veintiún procesos vigentes".*

Correcciones:

*"... que haya mediadores..."*
*"Sobre él había veintiún procesos..."*

En este error incurren con enorme frecuencia tanto personas muy cultas y eruditas como escritores, periodistas, poetas, políticos, empleados públicos, profesionales de las distintas ramas del saber, profesores, estudiantes, deportistas, amas de casa...

Veamos formas correctas e incorrectas:
- *Hubo fiestas* (no, hubieron fiestas).
- *Había autoridades* (no, habían autoridades).
- *Habrá elecciones* (no, habrán elecciones).
- *Que haya electores* (no, que hayan electores).
- *Habría unas 20 niñas* (no, habrían unas 20 niñas).
- *Hay conmigo muchas personas* (no, habemos muchas personas).

Cuando el verbo haber hace de auxiliar de otros puede ser singular o plural dependiendo de si se hace o no referencia la existencia de algo. Así, pues, la singularidad del verbo haber se extiende a otros que lo auxilian en caso de existencia:
- *Tiene que haber niños* (no, tienen que haber niños).
- *Puede haber perros* (no, pueden haber perros).
- *Va a haber debates* (no, van a haber debates).

En "ha habido muchos periodistas", donde el mismo verbo se auxilia, también rige y se mantiene su singularidad.

No se extiende la norma cuando el verbo haber apenas hace de auxiliar:
- *Habrían de pasar años* (no, habría de pasar años).
- *Han de pasar años* (no, ha de pasar años).

El verbo haber hace aquí de auxiliar del verbo pasar, y la frase no tiene significado de existencia.

Algo muy diferente es la conjugación del verbo haber, pretérito perfecto simple de la tercera persona del plural:
- *Hubieron de llegar a tiempo.*

Aquí el verbo haber no significa existencia, sino que hace de auxiliar de otro verbo. Esta forma es la que con desbordado entusiasmo sacan a relucir quienes insisten en que sí se puede decir y escribir hubieron, convencidos de que es válido para indicar la existencia pasada de algo en plural.

Un hispanohablante culto dice *"Había pocos jubilados en la plaza"*. Al mismo tiempo, escucha que el locutor de televisión, día tras día, incansablemente, repite:
- *Habían cuatro periodistas extranjeros.*
- *Hubieron desajustes de tiempo en el programa.*
- *Habrán piquetes en el puente.*
- *Van a haber inconvenientes.*

Luego, abre el periódico y lee *"No me sorprende que hayan casos graves"*. Si no es un ser pasivo, se preguntará ¿cuál es la construcción verdadera: la que digo, la que dicen, la que leo u otra que desconozco? Sin duda, la que él dice es la correcta, la que sirve de norma; pues las citadas son oraciones impersonales que exigen el verbo haber en singular.

### 2338. SONETO NUMÉRICO.

Existiendo sonetos tan varia 2,
busque entre las estrellas un luc 0,
una gota, sin par, de un agua 0,
unos versos con números rima 2.
Con sus catorce versos ordena 2,
macerando el amor con el a 0,
ligados el segundo y el ter 0,
y el primero y el cuarto parea 2.

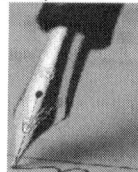

Estudie con rigor el roman 0.
a Lope y a Quevedo, a Unam 1,
a Cervantes siguio mi lapi 0.
Mire mil libros, sin dejar ning 1.
mas querido lector, a ser sin 0,
con números no halle soneto alg 1.

### 2344. GASTRONÓMICO Y NUMÉRICO.

Me gustan los sonetos con bizc 8,
y los quintetos con chocolate unta 2.
Las rosquillas me como en parea 2,
con epigramas y moscatel trasn 8.
Mientras el cinturón me desabr 8,
pienso que no irán mal acompaña 2.
Los serventesios con el cordero asa 2,
y el arte menor, con calim 8.

Las odas con pescados de Nept 1.
Besugo al madrigal o al roman 0,
el vino blanco será muy oport 1.
En mi cocina versos y números ma 0,
y pues comer y escribir es todo 1,
en la mesa: cuchillo tenedor y lapi 0.

## 2348. ABUSO Y MAL USO DEL GERUNDIO.

Observe la siguiente cita: "Los senadores están siendo investigados por..."
Correcciones:
"Los senadores son investigados por...".
"Los senadores están investigados por..."

El gerundio es válido en oraciones donde exista simultaneidad en la acción, que justifique el uso de dos verbos: voy cantando, manejas hablando, lee bailando, vivimos trabajando, habláis gritando, cantan barriendo, comen leyendo, y similares.

En la cita inicial, los verbos no denotan acciones diferentes, por el contrario, resultan redundantes. El error, pues, radica en juntar los verbos ser y estar que, en ocasiones, significan lo mismo, como es el caso de la cita que nos ocupa.

Frases como la analizada se deben construir, prescindiendo del gerundio, con un solo verbo: "son investigados", "fueron investigados", "serán investigados"; "están investigados", "estuvieron investigados", "estarán investigados".

También pueden ser construidas acompañando uno de los dos verbos en cuestión con otro que le aporte nuevo significado a la frase. Bajo esta circunstancia se prescinde también del gerundio, y los verbos ser o estar, según el caso, quedan en infinitivo: "van a ser investigados", "van a estar investigados".

El error (en todas las formas verbales), por lo general, se oye y se ve en la boca y pluma de escritores, periodistas, locutores, presentadores, comunicadores sociales, políticos, y profesionales de las diferentes ramas del saber.

Obsérvese que el error, con una frecuencia desmedida, persiste cuando se mencionan personas que son, fueron o serán motivo de algunas investigaciones, tema tan de moda en estos tiempos.

Quizá la confusión radique en la influencia tautológica que el verbo gringo to be (ser o estar) ejerce sobre algunas personas por cierto muy cultas. Por eso, hay quienes defienden, con garras y a dentelladas, como castiza la expresión está siendo.

Por consiguiente, se debe evitar al máximo el uso del gerundio siendo precedido del verbo estar, ya que resulta espurio.

La cita, en definitiva, "estuvo, está y estará siendo" viciada por el uso indebido de los verbos ser y estar.

Otras frases defectuosas con gerundio
- "Se ofrece columnista que está hablando perfecto el castellano". Más apropiado: "... que habla perfecto el castellano".
- "Estamos formando líderes, estamos creando futuro". Más apropiado: *"Formamos líderes, creamos futuro"*. El gerundio alarga innecesariamente la frase.
- "El ladrón entró a su apartamento escondiéndose en el baño". Lo apropiado es: "El ladrón entró a su apartamento y se escondió en el baño". No existe simultaneidad en la acción; porque el ladrón primero entró al apartamento y luego se escondió en el baño.
- "Me envió la caja conteniendo el pedido". Lo apropiado es: "Me envió la caja que contiene el pedido". Ni el remitente ni el destinatario ni la caja, pueden ejecutar la acción de contener el pedido ni hay simultaneidad con el verbo llegar.

Si son cuestionadas estas formas, qué no decir de aquéllas frases que producen un híbrido con los verbos estar y ser (estar siendo), máxime cuando su uso se ha vuelto tan empalagoso por la profusión que de ellas se hace gala cuando de investigaciones se trata.

### 2354. POEMA ORTOGRÁFICO.

Los siguientes versos parecen un poco extraños, tanto es así, que no tienen sentido.

La mujer que hace.
y no tiene para que,
tiene que hacer mucho.
para que con el;

Hay una forma de leerlos para que tengan sentido, sin añadirlos ni quitarlos nada.
¿Sabe Vd. qué forma?

### 2358. SON PARIENTES (1).
¿Qué emparenta a las siguientes palabras?
**SER - NÓEL - NÓTAR – ARROZ**

J. E. M. - Solo LENGUAJE (1 y 2)

**2364. LEJANA CAPITAL.**
¿Cuál es la capital de provincia española, más alejada en línea recta de Madrid?

**2368. TENER O NO TENER.**
¿Qué es lo que tienen los carteros, los ciclistas y los actores que no tienen los vagabundos, los jardineros ni los millonarios?

**2374. PALABRAS PARÁSITAS.**
La palabra "lirondo" no existe en el diccionario salvo como parásita dentro de la entrada de mondo, como parte de la locución "mondo y lirondo".
¿Se le ocurren a Vd. otros ejemplos de palabras parásitas?

**2378. NOMBRES CON CRITERIO.**
Unos amigos muy elegantes decidieron llamar a su hija Serafina, "porque así -dicen- será fina".
¿Se le ocurren a Vd. otros nombres con criterio para poner a futuros bebés?

**2384. VISITA EL POLICLÓNICO.**
"Acadomia" es el nombre real de una academia que envía profesores a domicilio.

De la misma forma una "cerraduría" podría ser una ferretería especializada en cerraduras.
¿Qué podría ser un policlónico?
¿Qué otros negocios o establecimientos especializados podríamos crear modificando los nombres originales lo menos posible?

J. E. M. - Solo LENGUAJE (1 y 2)

### 2388. EN CASA DEL HERRERO.

No existe un buen sinónimo para la palabra sinónimo. ¿Qué otros conceptos lingüísticos se le ocurren que no puedan aplicarse a sí mismos?

### 2394. TANTO MONTA TANTO.

Hace unos días, Lorena nos comentaba en el muro de Facebook del blog lo siguiente:

Hoy al desayunar he cogido una bolsa de magdalenas en la que ponía "Dulces artesanos". Obviamente hay que entender "dulces" como sustantivo y "artesanos" como adjetivos, pero en mi estado de somnolencia me he imaginado a unos señores artesanos muy simpáticos.

Busque Vd. expresiones con palabras que puedan intercambiar sus papeles de adjetivo y sustantivo, o también verbo y adverbio.

### 2398. LA DAMA Y EL VESTIDO.

Si el enamorado es correspondido, tendrá el nombre de la dama y el color de su vestido.

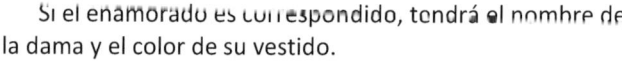

### 2404. DEFINICIONES GRAMATICALES.

Cada definición se refiere a una palabra que comienza con "POR".

- Material con que está hecho un florero.
- Grupo de animales de la granja.
- Pedazo de tarta.
- Pide limosna.
- País cercano a España.

¿Puede Vd. descubrirlas?

### 2408. PALABRA INCÓGNITA.

Descubra a qué palabra hacemos referencia.

- Tiene una letra más que ACUDO.
- Tiene una letra más que CRUDO.
- Tiene una letra distinta que GUARDO.
- Tiene una letra más que CARDO.
- Tiene una letra distinta que CUERDA.

J. E. M. - Solo LENGUAJE (1 y 2)

### 2414. AL DERECHO Y AL REVÉS.
Al derecho es un animal que a las gallinas asusta; al revés es un cereal que a casi todos nos gusta.
¿De qué se trata?

### 2418. OCHO MENOS DOS.
¿Qué palabra de ocho letras al quitarle dos se queda en quince?

### 2424. EN EL PURGATORIO.
¿Cuál es el animal que está siempre en medio del purgatorio?

### 2428. LA NUEVA BISÍLABA.
Busque una palabra de cuatro sílabas que, al quitarle una letra, se quede en bisílaba.

### 2434. ACTRIZ ESCONDIDA.
¿Qué actriz española se oculta bajo este extraño pseudónimo?

### 2438. EN SATURNO.
¿Qué planeta está dentro de Saturno?

### 2444. CIUDAD EUROPEA.
¿Cuál es la ciudad de Europa notable por sus monumentos históricos cuyo nombre leído al revés expresa un sentimiento del alma?

### 2448. MENOS UNA.
Si a la palabra "TRUENAS" le quita Vd. una, ¿cuántas quedan?

TRUENAS

### 2454. ENCAJA.
¿Qué letra encaja en la siguiente serie?
## BCDEIKOX?

### 2458. A VOCAL.
¿Qué letra, al darle la vuelta, se convierte de consonante en vocal?

### 2464. EN TUS BRAZOS.
En el mar yo no me mojo,
en las brasas no me abraso,
en el aire no me caigo
y me tienes en tus brazos.
¿Quién soy?

### 2468. NO HAY NOCHE PARA ELLA.
Soy la rodondez del mundo,
de esperanza estoy vestida,
y no hay noche para mí,
porque conmigo está el día.
¿Quién soy?

### 2474. CON SOMBRERO.
Mi sombrero es una ola,
estoy en medio del año,
nunca estoy en caracola
y sí al final del castaño.
¿Quién soy?

### 2478. VERBO CORRIENTE.
¿Qué país sito en Próximo Oriente es el futuro de un verbo corriente?

J. E. M. - Solo LENGUAJE (1 y 2)

### 2484. PRIMAVERA Y VERANO.

Según dicen las letras, cuando termina la primavera ya casi está acabando el verano.

¿A Vd. qué le parece?

### 2488. FRASE CIERTA.

Trate de completar esta frase para que sea cierta:

**Esta frase tiene ... letras**

*(El número se escribe en letra)*

### 2494. ORACIÓN FALSA.

Trate de completar esta oración para que sea falsa:

**Esta oración no tiene ... letras**

*(El número se escribe en letra)*

### 2498. CAPITAL Y PAÍS.

El nombre de la capital de un país es anagrama del nombre de otro país.

 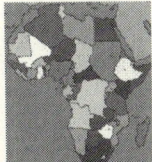

¿Sabe Vd. cuáles son ambos?

J. E. M. - Solo LENGUAJE (1 y 2)

### 2504. SÓLO EN DICIEMBRE.
¿Qué tiene el mes de diciembre que no lo tienen los once restantes?

*(No va de fiestas. Recuerde que es un acertijo)*

### 2508. A LA PUERTA.
¿Qué hay que añadirle a una puerta para que se convierta en más que una puerta?

### 2514. LOS SUSODICHOS.
Este banco está ocupado
por un padre y su hijo,
al padre ya lo he nombrado
y el hijo sé que lo he dicho,
puede creerme de fijo.
¿Quiénes son los susodichos?

### 2518. JEROGLÍFICO MUSICAL.

**DO MI FA RE SOL LA SI**

¿Cómo quiere Vd. los títulos?

### 2524. NADIE FELIZ.
Puede Vd. verme en su piso, aunque no esté en la ventana.
Sin mí no habría ricos y nadie será feliz.
¿Quién soy?

### 2528. MUY LENTO.
¿Cuál es el nombre del hombre que marcha siempre con el ritmo más lento?

J. E. M. - Solo LENGUAJE (1 y 2)

### 2534. CON O SIN HACHE.
Si no lleva la hache es un animal, si le ponen la hache le puede a Vd. asfixiar.
¿Quiénes son?

### 2538. MAL DEL ESTUDIANTE.
Mi nombre tiene cuatro vocales iguales.
Soy un mal de los estudiantes y un ingrato premio.
¿Quién soy?

### 2544. SEIS MENOS UNA.
¿Qué palabra de seis letras, si le quita Vd. tres, se queda con una?

### 2548. VERBO Y ESCRITOR.
Mi primera es un pronombre,
y mi tercia musical;
mi primera con tercera
forman un tiempo verbal;
mi segunda, también verbo,
que enseguida tu verás,
y en España fue mi todo
entre escritores un as.

¿De quién trata esta charada?

### 2554. GRADO MILITAR.
¿Cuál es el grado militar que es fácil de pronunciar con tres letras nada más?

J. E. M.  -  Solo LENGUAJE (1 y 2)

### 2558. CON 4 NOTAS.
Con cuatro notas musicales se define a un tipo estirado. ¿Qué tipo es?
*(Es un tipo excesivamente pulcro o aseado)*

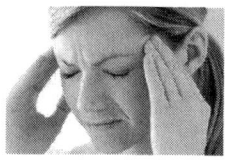

### 2564. BUSQUE LAS SÍLABAS ABC.
Sin la menor BA me monté en la AC y ¡qué Cramba!, me puse en AB a aquel CB de la CA que se hizo CC.
Y con la ABC duele la Cbeza.

### 2568. SIEMPRE SE ESPERA.
¿Qué palabra rima con adivinanza y cuando se espera, se alcanza?

### 2574. EL DICCIONARIO DEL REVÉS.
La palabra "JAZZ" es la última del diccionario del revés, donde se ordena alfabéticamente desde la última letra.
¿Cuáles son las palabras antepenúltima, penúltima, primera y segunda?

### 2578. ASOCIATIVA DE LETRAS.
En inglés, al reordenar "once más dos":

**ELEVEN PLUS TWO**

podemos formar "doce más uno":

**TWELVE PLUS ONE**

lo que es una especie de propiedad asociativa de las letras.
¿Podrá Vd. encontrar algún ejemplo similar en castellano?

### 2584. EL CERO AÑADE ALGO.
¿Qué palabra se obtiene al añadir CERO a los siguientes grupos de letras? *(Reordenándolas si fuera preciso)*
Ejemplo: D+CERO daría lugar a CREDO.

J. E. M. - Solo LENGUAJE (1 y 2)

**NB + CERO**
**PU + CERO**
**DO + CERO**
**PR + CERO**

¿Y si añadimos CERO a cada una de las letras del abecedario?

### 2588. POR LA REDACCIÓN.

En el escrito de una sentencia que condenaba a muerte, injustamente, a una persona, el juez escribió: *"Perdón imposible, condenarle a muerte".*

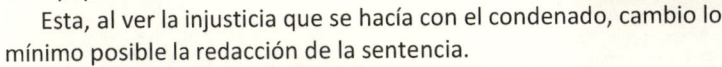

Luego pidió a su secretaria que pasara la sentencia a papel oficial.

Esta, al ver la injusticia que se hacía con el condenado, cambio lo mínimo posible la redacción de la sentencia.

¿Qué decía la sentencia final?

### 2594. ARTE ESCONDIDO

¿Qué personajes se ocultan tras estos anagramas?

**Lavado rompedor**
**Su negra lujuria**
**Ballena diesel**

[Son de habla hispana y están vivas]

### 2598. A FALTA DE LETRA.

Complete con la letra que falta de manera que se forme el nombre de un alimento.

# A_O

*No nos referimos al AJO, es otra cosa.*

### 2604. ANIMAL INESPERADO.

¿Cuál es el animal cuyo nombre tiene menos consonantes?

- *Es un animal real.*
- *No es el ñu.*
- *Es un tipo de oso no muy trabajador.*

J. E. M. - Solo LENGUAJE (1 y 2)

### 2608. EL TOP PANVOCÁLICO.

Existe solamente un número que contiene en su nombre las 5 vocales repetidas dos veces, y además la "y".

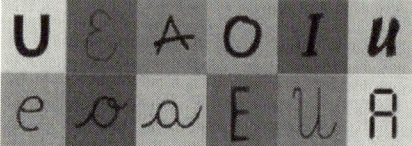

¿Qué número es?

### 2614. LOS TRES HIJOS RUSOS.

Un hombre ruso tuvo tres hijos: Rab, que se hizo abogado, Ymra, que se alistó al ejército y el más pequeño, que se hizo marinero.

¿Cuál era el nombre del hijo menor?

### 2618. EN EL AUTOBÚS.

En el autobús Eva y César se sientan del lado izquierdo del pasillo, mientras que Pío y Julio se sientan del lado derecho.

Siguiendo el mismo criterio, ¿de qué lado deberá sentarse Ester?

### 2624. EDIFICIO MILITAR.

Buscamos una palabra que representa a un edificio militar.

Después reordenamos sus letras y obtenemos a alguien de los que habitan dicho edificio.

¿Cuál es la palabra que buscamos?

### 2628. TODOS LOS FIRULETES.

Hay una única palabra del idioma castellano que contiene los cuatro firuletes sin repetirlos: Punto, diéresis, virgulilla y tilde.

¿Qué palabra es?

J. E. M. - Solo LENGUAJE (1 y 2)

### 2634. ÚNICA CAPITAL.
Mozambique es el único país que tiene en su nombre las cinco vocales sin repetir.

¿Cuál es la única capital que tiene las cinco vocales sin repetir en su nombre?

### 2638. DOS ANIMALES.
Si Vd. escribe los nombres de dos animales, uno trás del otro, obtiene una palabra que describe cierta clase de pelo.

¿Qué animales son?

### 2644. INCREÍBLE.
¿Qué palabra inglesa de siete letras se hace más larga cuando se le quita la tercera letra?

### 2648. DOS MUJERES.
En un huevo, ¿cuántas mujeres entran?

### 2654. LA HERRAMIENTA.
¿Qué herramienta conoce Vd. cuyo nombre termina en un número?

### 2658. REVOLTIJO.
¿Qué representa este revoltijo de letras?

**ESRTSVHUEOOEUHVSSOEUHV**

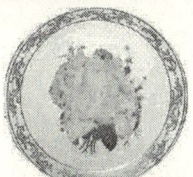

*Pista: La imagen.*

### 2664. EUROPEAS.
¿Los nombres de qué tres capitales europeas terminan con un animal?

### 2668. COMPLÉTELO.
Algo extraño se aprecia en el siguiente texto incompleto:
"Ncs ada, n m clad n fncnan las clas d la fla d aba".

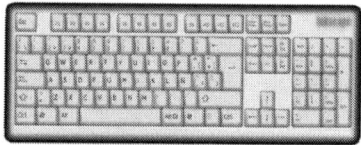

Si lo completa sabrá qué es lo que ocurre.

### 2674. CIFRAS Y LETRAS.

El número 2 se escribe con una sola cifra, y su nombre (DOS) utiliza tres letras.
El número 1.000.000 se escribe con siete cifras y su nombre (UN MILLÓN) utiliza ocho letras.
¿Cuál es el primer número en el que la cantidad de cifras es mayor que la cantidad de letras de su nombre?

### 2678. MUJER Y FLOR.
Tome un nombre de mujer, agréguele una letra al comienzo, y obtenga una flor.
¿Será Vd. capaz?

### 2684. METAMORFOSIS.
Partiendo de la primera palabra CORTE y cambiando cada vez sólo una letra (la del recuadro con *) llegue Vd. a "caminata".

| C | O | R | T | E |
|---|---|---|---|---|
| * |   |   |   |   |
|   | * |   |   |   |
|   |   |   |   | * |
|   |   | * |   |   |
|   |   |   | * |   |

## 2688. COMPLETANDO ESPACIOS.

Las tres palabras adjuntas pueden completarse fácilmente con una misma palabra.

**SO\*\*\*\***

**\*\*\*\*DOR**

**ENSE\*\*\*\***

¿Qué palabra las completa?

*Pistas:*
*Nada de lógica. Nada en común.*
*Nada me viene a la cabeza. Nada se me ocurre.*

## 2694. ALGO EN COMÚN.

¿Qué tienen en común las siguientes palabras?

**SISTEMA, ROBE, LINO, GRUESA**

## 2698. NI EN UNA SEMANA.

¿Qué representa la siguiente secuencia?

**O, S, S, S, S, S, O**

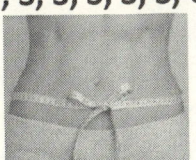

*(Apuesto a que no lo saca Vd. ni en una semana)*

## 2704. DE COLORES.

Puedo ser azul, marrón, negro o verde.
Tengo tres letras, dos de ellas iguales.
Si me lee Vd. de derecha a izquierda o de izquierda a derecha sigo siendo el mismo.
¿Quién soy yo?

J. E. M. - Solo LENGUAJE (1 y 2)

**2708. LA IMPORTANCIA DE COLOCAR BIEN UNA COMA.**
*La coma, esa puerta giratoria del pensamiento. (Julio Cortázar)*
Una coma puede ser una pausa, o no...
    No, espere. - No espere.
Puede hacer desaparecer su dinero.
    85,4 - 8,54
Puede crear héroes...
    Eso sólo, él lo resuelve.
    Eso, sólo él lo resuelve.
Puede ser la solución.
    Vamos a perder, poco se resolvió.
    Vamos a perder poco, se resolvió.
Cambia una opinión.
    No queremos saber. - No, queremos saber.
La coma puede condenar o salvar.
    ¡No tenga clemencia! - ¡No, tenga clemencia!
Lea Vd. y analice la siguiente frase de Julio Cortázar: "Si el hombre supiera realmente el valor que tiene la mujer andaría en cuatro patas en su búsqueda".
¿Dónde colocaría la coma según sea Vd. hombre o mujer?

**2714. PALABRA USUAL.**
Retire seis letras de la siguiente secuencia de letras para que quede una palabra de uso muy corriente.

# CSOECISILETNRASA

**2718. AMBIGRAMA INFINITO.**
Se muestra un ambigrama infinito de Alberto Portacio.

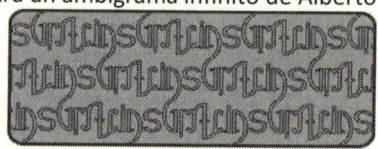

¿Qué es lo que se repite infinitas veces?

**2724. NOMBRE TORERO.**
Buscamos un nombre de mujer relacionado con el mundo de los toros.

Tiene que ver con la primera parte de la faena de un torero.

¿Lo encuentra Vd.?

## 2728. IMPRECISIONES DEL LENGUAJE.

La lengua abunda en construcciones más o menos hechas que,  analizadas con rigor, significan lo contrario de lo que el hablante quiere expresar. El uso y ciertas concordancias destruyen en numerosas ocasiones las leyes gramaticales, y produce locuciones literalmente absurdas, inteligibles por un uso continuado. Veamos algunos ejemplos:

**Adolecer.** El diccionario define esta palabra como "padecer alguna enfermedad habitual o (acompañada de *de*) algún defecto". Pero es empleada a menudo justamente en sentido contrario: "carecer de algo". Lo curioso es que el DRAE la hacer derivar de *a* y *dolecer*, pero no trae esta última voz, hoy en desuso.

**El orden de los factores no altera el producto**. En rigor, es el desorden de los factores.

**Qué pesada está la atmósfera**, se decía antiguamente en los días de baja presión, es decir, cuando literalmente el aire "pesa" menos.

**Es un escuerzo** se dice de las personas delgadas, cuando un "escuerzo" es un sapo, animal más bien hinchado.

**Voy a enervar esta acción**, dicen los abogados, buenos usuarios del verbo "enervar", cuando van a paralizarla. Pero mucha gente interpreta que "enervar" es "excitar", por similitud con la palabra "nervio".

**El punto álgido** de un asunto no es el punto más caliente, sino el más frío. Tantas veces se ha tomado la expresión al revés, que hoy la palabra figura en el DRAE con los dos significados opuestos: "Punto extremadamente frío" y "Momento culminante".

**Coger una enfermedad**, cuando es ella la que me coge a mí. Efectivamente, en tiempos pasados se decía "Me cogieron unas calenturas".

**Hacerse la barba**, voz más bien del siglo pasado, significaba precisamente lo contrario, quitársela, al menos en parte.

**Engañar como a un chino** no es muy exacto que digamos: los comerciantes chinos son conocidos por su agudeza.

J. E. M. - Solo LENGUAJE (1 y 2)

**Llevar un traje** o vestido se ha popularizado, pero la voz clásica era "traerlo".

**Meter los zapatos en la horma**, lo que es tan imposible como meter el horno en el pan.

**No me cayó la lotería por un número**. ¡Claro! Siempre es así. Habría que decir "por una unidad".

**Ser un cero a la izquierda**. Esto pre supone hablar de números enteros, porque en los decimales, un cero a la izquierda disminuye el valor.

¿Por qué se dice que el encuentro entre dos equipos locales es un **derby**? En realidad, el Derby de Epsom es una competición más, sin ninguna característica de rivalidad local.

Algunos periodistas hablan de **victoria pírrica** como sinónimo de "escasa", y dirán, por ejemplo, que "el equipo local de baloncesto consiguió una pírrica victoria por 75-74". Error, y no "escaso". Una victoria pírrica es la que no reporta ninguna ventaja al que la obtiene, por alusión al rey Pirro de Epiro, quien dijo tras ganar una batalla a costa de grandes pérdidas: "Otra victoria más como esta y estoy perdido".

Otro error corriente es llamar **saga** a una "dinastía". Una saga es un relato legendario situado en la antigua Escandinavia. Como estos relatos se extendían a veces a varias generaciones, finalmente se acepta la palabra en la acepción de "relato novelesco que abarca las vicisitudes de dos o más generaciones de una familia".

Las citas de textos clásicos conocen también muchas divertidas imprecisiones. Miles de veces hemos visto atribuir a don Quijote la frase "**Con la Iglesia hemos topado**", cuando en realidad dice "Con la iglesia hemos dado, Sancho". Análogamente, en el Evangelio de San Juan (11, 43), Jesús no dice "Lázaro, levántate y anda", sino "Lázaro, sal fuera".

He visto incluso cómo algún abogado confundía **rechazar de plano** con "rechazar de manera terminante". En realidad, "resolver de plano" una cuestión jurídica es hacerlo sin necesidad de exámenes detallados, por su sencillez. La expresión tiene su origen en los asuntos que los jueces romanos veían antes de entrar en el edificio, directamente desde el "plano" (plataforma a la entrada). De todos modos, el DRAE tiende ya a admitir el primer sentido.

Todo el mundo dice **vale** en el sentido de "de acuerdo, estoy conforme". Pero en realidad, el saludo vale, frecuente en Roma, era una interjección, equivalente a "vale, ten salud" (*valeo*, "estar sano").

Se dice **pasar desapercibido** por "pasar inadvertido". En realidad, desapercibido significa "desprevenido, descuidado".

Ultimamente en el DRAE se ha admitido al fin **influenciar**, forma a la que debería preferirse influir. También, tras larga espera, ha entrado **presupuestar** (confeccionar un presupuesto), que hasta hace poco tenía como única forma correcta **presuponer**. Se ha Admitido igualmente **sofisticado** en su acepción de "elegante, refinado", y, hablando de aparatos, "complicado", pero hasta la última edición el vocablo sólo significaba "falto de naturalidad, afectadamente refinado".

Aunque la palabra **enjuagar** (metátesis de *enjaguar*) deriva del latín *ex-aquare*, "eliminar el agua", hoy se aplica a otros líquidos, como la saliva (por enjuagar los dientes).

En fin, el lenguaje científico es tan riguroso que en la conversación pierde su exactitud en aras de la brevedad o de la elegancia, estableciendo complicidades semánticas entre hablante y oyente, para desesperación de los diseñadores de máquinas traductoras. Recordemos aquella nefasta versión de "El espíritu está pronto, pero la carne es débil" como: **"El licor es bueno, pero la carne es horrorosa"**.

### 2734. SERIE DE VOCALES.
Averigüe qué conjunto de vocales completa la serie siguiente:
**EUIO, EU, IEA, AE, UIE, AU, UAO, EUO**

### 2738. EN COMÚN.
¿Qué tienen en común las siguientes palabras?
**ESTUDIO, HIMNO, DEFLACIÓN, ESTÚPIDO, HIJUELA**

### 2744. LAS PALABRAS REPETIDAS.
Sustituya cada "X" por una letra, y tenga en cuenta que las palabras con el mismo número de letras son la misma.

J. E. M. - Solo LENGUAJE (1 y 2)

```
XXXXX XXXX XXX
       X
XXX XXXX XXXXX
```

Formará así una muy conocida frase.

### 2748. EL JUEGO DE KAY ROSEN.
El artista Kay Rosen juega en sus obras con letras y palabras.
¿Qué cree Vd. que quiere expresar en este rótulo que imita una de sus obras?

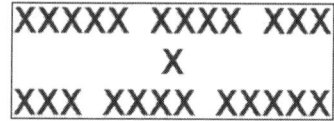

### 2754. LÁSTIMA Y LASTIMA.
¿Sabe Vd cuál es la diferencia entre lástima y lastima?

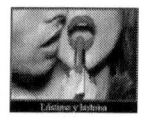

### 2758. EL TODO DA CALOR.
Animal prima,
vegetal la dos,
la tercera nota
y todo da calor.

### 2764. DESPACIO.
Si prima-cuarta es cristal
y tres-dos es hierbabuena,
despacio será total.

### 2768. VEGETAL.
Parte del cuerpo sin prima,
sin la segunda, mujer,
un animal sin tercera,
y el todo vegetal es.

J. E. M. - Solo LENGUAJE (1 y 2)

### 2774. MÁS PUNTUACIÓN.

Es muy importante saber puntuar un texto correctamente. Si lo hacemos mal, puede cambiar el sentido del mismo.

Veamos unos ejemplos:

1. César entró sobre la cabeza, llevaba el casco en los pies, las sandalias en la mano, la fiel espada presta para el combate.

Extraña conducta, ¿verdad? Pero, si puntuamos correctamente leeremos: César entró, sobre la cabeza llevaba el casco, en los pies las sandalias, en la mano la fiel espada presta para el combate.

2. Café, puro y copa a un euro cada uno son tres euros.

Café puro y copa a un euro cada uno son dos euros.

3. El periodista Néstor Luján escribía en La Vanguardia (15/02/84) a propósito de las devastaciones de la Revolución Francesa: En una zona de la Vendée tan sólo, el 40% de la población fue asesinada y el 52% de la riqueza se destruyó.

Los duendecillos de la imprenta escribieron: En una zona de la Vendée, tan sólo el 40% de la población fue asesinada y el 52% de la riqueza se destruyó.

4. Y diciendo que no, lo mató, cogió el sombrero y se fue.

Y diciendo que no lo mató, cogió el sombrero y se fue.

5. El ex-presidente argentino Juan Domingo Perón escribió una carta a su esposa que se hallaba de visita en otro país. Acabó la misiva con la siguiente frase: Evita besos y abrazos.

¿Qué pasa? ¿Había una epidemia o algo así? ¿O es que olvidó la coma tras el nombre?

### 2778. SERIE A COMPLETAR.
¿Qué letra completa la siguiente serie?

u, e, e, a, o, e, a, a, i, u, i, e, e, e, i, ...

### 2784. MAL ESCRITA.
¿Hay alguna palabra mal escrita en esta pregunta?

### 2788. CONSONANTES Y VOCALES.
Averigüe cuál es la siguiente letra en la serie:

**A, B, E, F, G, I, J, K, L, O, P, Q, R, ...**

J. E. M. - Solo LENGUAJE (1 y 2)

### 2794. BISÍLABA.
Busque una palabra de cuatro sílabas que, al quitarle una letra, se quede en bisílaba.

**POLISÍLABA**

### 2798. HALLAR, ENCONTRAR.
La a y la u en dos hallarás, en tres encontrarás la o y la i, completarás con la e en cinco.

¿De qué se trata?

### 2804. LA BOA.

¿Qué hay que darle a una boa para que estemos hablando de un enlace nupcial?

### 2808. NO DERRAPE.
¿Cuáles son las dos letras siguientes en esta serie?

**A, E, F, H, I, K, L, M, ...**

### 2814. COMPLETE EL NOMBRE.

**ELCH_**

Está claro que añadiendo una E, se obtiene el nombre de mi ciudad, pero ¿qué otra letra se puede añadir también para forma el nombre de una ciudad?

### 2818. EL TOP CINCO.
Dicen que el top cinco de las palabras más complicadas de pronunciar lo forman:
    5. Desoxirribonucleico.
    4. Paralelepípedo.

3. Otorrinolaringólogo.
2. Ovovivíparo.
¿Sabe Vd. qué palabra ocupa el primer lugar?

### 2824. CONOCIDA FRASE.
¿Qué conocida frase podría Vd. entresacar de la siguiente imagen?

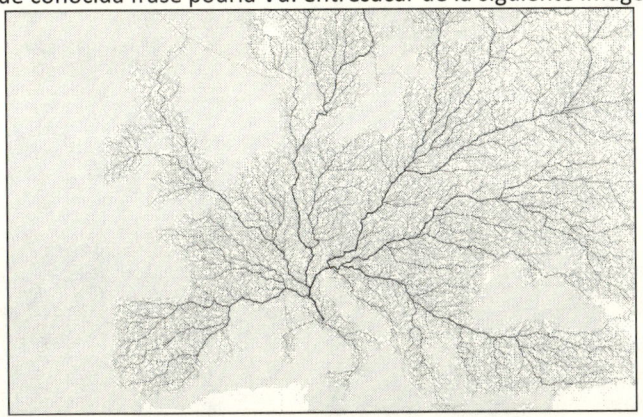

### 2828. POR AGUA, TIERRA Y AIRE

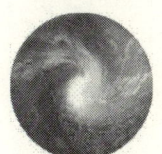

Buscamos una palabra que hace siglos se relacionaba con el agua y la tierra y actualmente con el aire.

Está relacionada con unir o comunicar y se ha popularizado su uso en la última década. (Antes era prácticamente desconocida)

¿De qué palabra se trata?

### 2834. ¿QUE SÍ O QUE NO?
Le pregunté a mi maestro: Don José, ¿hay alguna palabra española, de menos de ocho letras, que tenga tres enes?

Don José pensó un rato y me contestó. De su respuesta no supe deducir si me había respondido que sí o que no.
¿Sabe Vd. qué fue lo qué me dijo?

### 2838. PALABRA EXACTA.
*"Esta frase tiene cero errores"* es una frase verdadera.

J. E. M. - Solo LENGUAJE (1 y 2)

Complete Vd. la siguiente anotando otro número, correctamente escrito en letras, para que también sea verdadera.

## "Esta frase tiene ........... errores"

### 2844. EL MENSAJE.

Un espía, ha de encontrarse con su contacto, y le hace llegar la siguiente secuencia:

YA
OLA
LUNA
VEN
DEL
FRIO
UNICO

¿La capta Vd.?

### 2848. EN LA FRONTERA.

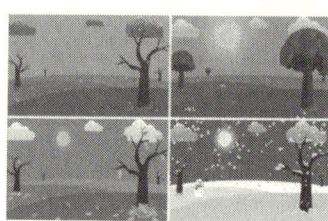

Un mexicano, tras pasar varios años en Nueva York, observó que mientras que allí las estaciones del año son todas igual de largas, en México no.
En México son todas desparejas.
El mexicano sabía de qué hablaba.

¿Y usted, lo intuye?

### 2854. COMPLETE EL HUECO.

# N ST FRS HY ...... CNSNNTS

### 2858. ESCRITORES.

DOSTOIEVSKY lo tiene, TOLSTOI no lo tiene.
MILTON lo tiene, SHAKESPEARE no lo tiene.
UNAMUNO lo tiene, QUEVEDO no lo tiene.
Entre CERVANTES y CICERÓN, ¿quién lo tiene?

J. E. M. - Solo LENGUAJE (1 y 2)

### 2864. ARRIBA EL TELÓN.

Primer acto: Un hombre observa unidades.
Segundo acto: El mismo hombre observa decenas.
Tercer acto: El mismo hombre observa miles.
¿Con qué número es conocida esta obra?

### 2868. LO TIENE O NO.

CAMPEÓN lo tiene, AS no lo tiene.
TORRENTE lo tiene, ARROYO no lo tiene.
CAREY lo tiene, NÁCAR no lo tiene.
Entre MANZANA y DAMASCO, ¿quién lo tiene?

### 2874. TENER O NO TENER.

ESPAÑOL lo tiene, INGLÉS no lo tiene.
MASCULINO lo tiene, FEMENINO no lo tiene.
SINGULAR lo tiene, PLURAL no lo tiene.
Entre PALABRA y NÚMERO, ¿cuál lo tiene?

### 2878. FUGA DE CONSONANTES.

Escriba una consonante sobre cada guion para formar una palabra.

### 2884. EL CUENTO DE NUNCA ACABAR.

Un domingo trepidaba. Cuco cielo. Severa sinfonía.
............ nubes diabólicas ondulaban doloridas.
¿Cuántas nubes?

### 2888. ¿QUÉ LETRA SOBRA?

Una de las letras del diagrama adjunto no debería estar dentro.

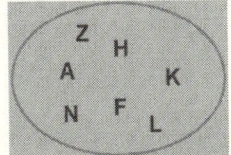

¿Cuál cree Vd.?

J. E. M. - Solo LENGUAJE (1 y 2)

**2894. ORDENANDO LETRAS.**

Con las siguientes letras, forme una palabra cuyo significado en español sea distinto si se lee de izquierda a derecha que de derecha a izquierda.

**A A I L M N**

**2898. PARA IGNORANTOS E IGNORANTAS.**

Carta escrita por una profesora de un instituto público con acertadísima y lapidaria frase final.

*Yo no soy víctima de la Ley Nacional de Educación.*

*Tengo 60 años y he tenido la suerte de estudiar bajo unos planes educativos buenos, que primaban el esfuerzo y la formación de los alumnos por encima de las estadísticas de aprobados y de la propaganda política.*

*En jardín (así se llamaba entonces lo que hoy es "educación infantil", mire usted) empecé a estudiar con una cartilla que todavía recuerdo perfectamente: la A de "araña", la E de "elefante", la I de "iglesia" la O de "ojo" y la U de "uña".*

*Luego, cuando eras un poco mayor, llegaba "Semillitas", un librito con poco más de 100 páginas y un montón de lecturas, no como ahora, que pagas por tres tomos llenos de dibujos que apenas traen texto.*

*Eso sí, en el Semillitas, no había que colorear ninguna página, que para eso teníamos cuadernos.*

*En Primaria estudiábamos Lengua, Matemáticas, Ciencias, no teníamos Educación Física.*

*En 6º de Primaria, si en un examen tenías una falta de ortografía del tipo de "b en vez de v" o cinco faltas de acentos, te bajaban y bien bajada la nota.*

*En Bachillerato, estudié Historia de España, Latín, Literatura y Filosofía.*

*Leí El Quijote y el Lazarillo de Tormes; leí las "Coplas a la Muerte de mi Padre" de Jorge Manrique, a Garcilaso, a Góngora, a Lope de Vega o a Espronceda...*

*Pero, sobre todo, aprendí a hablar y a escribir con corrección.*

*Aprendí a amar nuestra lengua, nuestra historia y nuestra cultura.*

*Y vamos con la Gramática.*

*En castellano existen los participios activos como derivado de los tiempos verbales.*

**J. E. M. - Solo LENGUAJE (1 y 2)**

El participio activo del verbo atacar es "atacante"; el de salir es "saliente"; el de cantar es "cantante" y el de existir, "existente". ¿Cuál es el del verbo ser? Es "ente", que significa "el que tiene identidad", en definitiva "el que es". Por ello, cuando queremos nombrar a la persona que denota capacidad de ejercer la acción que expresa el verbo, se añade a este la terminación "ente".

Así, al que preside, se le llama "presidente" y nunca "presidenta", independientemente del género (masculino o femenino) del que realiza la acción.

De manera análoga, se dice "capilla ardiente", no "ardienta"; se dice "estudiante", no "estudianta"; se dice "independiente" y no "independienta"; "paciente", no "pacienta"; "dirigente", no dirigenta"; "residente", no "residenta".

Y ahora, la pregunta: nuestros políticos y muchos periodistas (hombres y mujeres, que los hombres que ejercen el periodismo no son "periodistos"), ¿hacen mal uso de la lengua por motivos ideológicos o por ignorancia de la Gramática de la Lengua Española? Creo que por las dos razones. Es más, creo que la ignorancia les lleva a aplicar patrones ideológicos y la misma aplicación automática de esos patrones ideológicos les hace más ignorantes (a ellos y a sus seguidores).

Os propongo pasar el mensaje a vuestros amigos y conocidos, en la esperanza de que llegue finalmente a esos ignorantes semovientes (no "ignorantas semovientas", aunque ocupen carteras ministeriales).

Lamento haber aguado la fiesta al grupo de hombres que se había asociado en defensa del género y que habían firmado un manifiesto.

Algunos de los firmantes eran: el dentisto, el poeto, el sindicalisto, el pediatro, el pianisto, el golfisto, el arreglisto, el funambulisto, el proyectisto, el turisto, el contratisto, el paisajisto, el taxisto, el artisto, el periodisto, el taxidermisto, el telefonisto, el masajisto, el gasisto, el trompetisto, el violinisto, el maquinisto, el electricisto, el oculisto, el policío del esquino y, sobre todo, ¡el machisto!

Si este asunto "no te da igual", pásalo por ahí, a ver si con suerte termina haciendo bien hasta en los Ministerios. Porque no es lo mismo ser "UN CARGO PÚBLICO" que ser "UNA CARGA PÚBLICA".

### 2904. ¿QUIÉN TIENE?

**JULIA ROBERTS** lo tiene, **CAMERON DÍAZ** no lo tiene.
**JULIO CÉSAR** lo tiene, **NAPOLEÓN BONAPARTE** no.
**WALTER GROPIUS** lo tiene, **PAUL KLEE** no.
Entre **COUNT BASIE** y **DUKE ELLINGTON**, ¿quién lo tiene?

J. E. M. - Solo LENGUAJE (1 y 2)

## 2908. NUMEROGRAMAS.

Los numerogramas son palabras en las que podemos encontrar incluido el nombre de un número. También llamamos así a los textos compuestos en su mayor parte por palabras de este tipo.

Como ejemplo se puede señalar 'rinoceronte', que contiene oculto un cero y que podríamos escribir como rino0nte.

Algunas palabras más: Con el cero: acero, aguacero, haceros... Con el uno: ninguno, tuno, vacuno, acuno...

Escriba Vd. algunas palabras para el dos y para el tres.

## 2914. SIEMPRE DEBIENDO.

Los amigos le decían a Julián: *Siempre debiendo, siempre debiendo... ¿Vas a estar así toda la vida? Tienes suficiente dinero, eres educado muy formal en las demás circunstancias de la vida, ¿por qué no pagas tus deudas de una vez?*

Julián: *Tenéis razón, pero es que desde bien pequeño...*
¿Cuál es el final de la respuesta de Julián?

## 2918. PALABRA MISTERIOSA (1).

Buscamos una palabra monovocálica de diez letras, que anagramada se convierte en alambrada y es el lugar en el que se pescan los atunes.
¿Sabe Vd. cuál es?

## 2924. CIUDADES ESPAÑOLAS.

En cada una de las palabras que se enumeran a continuación se esconde, mediante anagrama, una ciudad de España. Por ejemplo con las letras de la primera palabra "calienta" podemos formar "Alicante".

Busque Vd. en cada una de las palabras siguientes la ciudad oculta.
brocado - careces - leche - enlisar - carabelón - sereno –acharolar delicadura -agradan delira - ovoide - huecas - arios - valía – pelícana ángeles – molestos.

J. E. M. - Solo LENGUAJE (1 y 2)

### 2928. CON GRACIA.

Se muestra a continuación un anagrama con cierta gracia. Nos dice algo acerca de la persona cuyo nombre se anagrama.

**Mago adinerado = Diego Maradona**

¿Podrá Vd. completar estos cuatro restantes?

Fletad ricos
Gestionar guasa
Mensajero natural
Avida dollars

### 2934. PALABRA MISTERIOSA (2).

Buscamos una palabra de diez letras, que anagramada se convierte en estramonio y es la casa o convento donde viven en comunidad los monjes. ¿Sabe Vd. cuál es?

### 2938. PALABRA MISTERIOSA (3).

Buscamos una palabra de diez letras, que significa cabeza de hierro.

Presta su nombre en un contrato, pretensión o negocio en nombre de otra persona.

Si se le añade un as puedes llegar hasta la estratosfera.

¿Sabe Vd. cuál es?

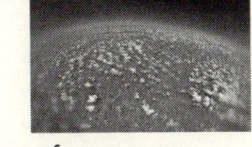

### 2944. PALABRA MISTERIOSA (4).

Buscamos una palabra de diez letras, que es el conjunto de molduras que decoran un arco en su paramento exterior vertical.

Si alguien la anagrama le quita valor.

¿Sabe Vd. cuál es?

### 2948. PALABRA MISTERIOSA (5).

Buscamos una palabra de diez letras, que es un método de enseñanza basado exclusivamente en la memoria.

Si le añade Vd. una «R» se obtienen unos prismáticos.

¿Sabe Vd. cuál es?

### 2954. PALABRA MISTERIOSA (6).

Buscamos una palabra de más de diez letras.
Es un trabajo que consistía en probar la comida y la bebida de los reyes y señores.
Con todas sus letras una maestra sale.
¿Sabe Vd. cuál es?

### 2958. PALABRA MISTERIOSA (7).

Buscamos una palabra de menos de diez letras que cuenta la vida de mártires y santos.
Anagramando su plural se obtiene un neologismo.
¿Sabe Vd. cuál es?

### 2964. PALABRA MISTERIOSA (8).

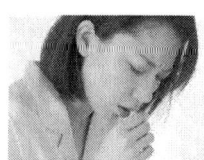

Buscamos una palabra de menos de diez letras que es el mueble donde se colocan los cantorales.
Si la anagrama Vd. le puede dar una tos fácil.
¿Sabe Vd. cuál es?

### 2968. PALABRA MISTERIOSA (9).

Buscamos una palabra de diez letras que es pentavocálica, sirve para respirar y, al mismo tiempo, emitir sonidos.
Si consigue Vd. anagramarla le puede quedar su lapicero.
¿Sabe Vd. cuál es?

### 2974. FUGA DE NÚMEROS.

Ojeando en la Biblioteca Nacional de Madrid una de las primeras ediciones del Lazarillo de Tormes (Alcalá de Henares, 1554) me ocurrió un hecho extraordinario. De la parte final del libro cayó una hoja de papel cuidadosamente doblada que debía llevar allí mucho tiempo por su aspecto ajado y amarillento. La desplegué con mucho cuidado, por temor a que se rompiera, y encontré unos versos manuscritos que se leían con dificultad y planteaban un enigma sobre números y cifras. Al pie figuraba la fecha de 1557 y una firma irreconocible de un hidalgo de la noble villa de Xetafe. La solución parece estar escrita entre las letras y los versos del siguiente poema:

> Con grosero estilo escribo
> al igual que el Lazarillo
> tratando de que holguéis
> o que este caso penséis
> resolviendo este acertijo
> con sotileza e ingenio,
> elegancia, algo de ciencia
> y, tal vez, asaz paciencia.
>
> Della quincena primera
> de números naturales
> hubo algunos que escaparon
> y se ha trocado en docena.
>
> ¿Sabréis mostrarme cuáles
> son los números fugados
> y cuáles los que han quedado,
> cumpliendo negra condena,
> encerrados tras las rejas
> desta prisión de papel?
>
> Si no encontráis sus retazos
> no frunzáis el entrecejo
> ni aquí os dejéis la piel,
> aceptadme este consejo
> que yo os daré de buen grado:
> entre sílabas y letras
> han ocultado sus trazos
> de diferentes maneras.
>
> Y sepa vuestra merced
> que no se admiten protestas,
> que aquel que ansíe tener
> deste acertijo respuesta
> (que ¡pardiez!, es bien sencilla)
> lo tendrá que resolver,
> porque ha sido concebido
> para un rato entretener
> y solventar prestamente,

J. E. M. - Solo LENGUAJE (1 y 2)

*¡qué es pensar gran maravilla!*
*por que discurran las gentes*
*y ansí renueven sus mentes.*

### 2978. HABLAR SIN SABER.
Buscamos una característica de la siguiente composición poética:

INTÉNTELO QUIEN LO INTENTE.
HASTA QUE EL GOLPE ESTÉ DADO
DE LO QUE SE HAYA TRATADO
NADA SE SABRÁ, ES PATENTE.
EN ESTA OCASIÓN PRESENTE
MUCHO SE VE DISPONER;
PENETRAR LO QUE HA DE SER
EN LO POSIBLE NO CABE.
QUIEN MÁS CALLA, ESTE LO SABE:
TODOS HABLAN SIN SABER.
¿La encontrará Vd.?

### 2984. UNA CARACTERÍSTICA
Buscamos una característica de la siguiente composición poética:

TE ADORO CON FRENESÍ.
Y DI QUE MIENTO SI DIGO:
SOLAMENTE SOY TU AMIGO
CUAL LO ERES TÚ PARA MÍ.
NO QUIERO CHANZAS AQUÍ
CON MI TERNURA Y AFÁN;
EL TEMOR DEL QUÉ DIRÁN
NO PONE VALLA A MI AMOR
SI DICEN QUE CON ARDOR
MINTIENDO MIS LABIOS VAN.
¿La encontrará Vd.?

### 2988. LEA CON MENTE FLEPORIBLE.

**EPORITO**

**LEPORICO**

**MEPORICO**

J. E. M. - Solo LENGUAJE (1 y 2)

## SEPORO
Ha de descubrir Vd. las cuatro palabras.

### 2994. LEA CON ÁNIMO DEXTIVO.

SOXTE

EXXTAR

XOSO

REXTAJE

Ha de descubrir Vd. las cuatro palabras.

### 2998. ESTADOS FRACTURADOS.
En el recuadro se esconden los nombres de cinco estados asiáticos.

| C | A | T | I | L |
|---|---|---|---|---|
| I | H | P | A | R |
| J | E | D | A | A |
| N | A | I | O | A |
| Q | N | P | N | N |

Todos están escritos de izquierda a derecha, pero de forma que dos letras cualesquiera de cada nombre nunca coinciden en la misma fila o columna. Además, cada letra del recuadro sólo pertenece a uno de los nombres.

### 3004. MENUDO ZOOLÓGICO.
*Un oso pardo, sapos, buitres, un cucú atroz.*
*Un rocín corre por ese islote veloz.*
*Casi eternamente arrojan bizcochos al pez.*

¿Cuál es la clave de este extraño poema?

J. E. M. - Solo LENGUAJE (1 y 2)

### 3008. NUMBERS Y LETRAS.

Once, además de ser un número en castellano, significa "una vez" en inglés.

¿Habrá otros números en castellano que tengan significado en inglés?

¿Y números en inglés que tengan otro significado en castellano?

### 3014. PALABRA RARA.

La palabra RARA, entre otras cosas, tiene de especial que cada una de sus letras aparece dos veces. Lo mismo ocurre, por ejemplo, con TRATAR.

¿Se le ocurren otros ejemplos más largos?

Le doy unos cuantos de cuatro letras: Caca. Coco. Mamá. Nene. Papá. Soso.

### 3018. TERCERO EN DISCORDIA.

En esta historia de amor hay un tercero en discordia.

¿Quién cree Vd. qué es?

### 3024. CADA LETRA EN SU SITIO.

En la palabra "ABaDEsa" las letras destacadas en mayúsculas ocupan el mismo lugar en la palabra que el que ocupan en el propio abecedario.

A B C D E F G H I J K ...

Añada Vd. a la lista algunas más.

Podría valer también en frases.

J. E. M. - Solo LENGUAJE (1 y 2)

### 3028. ENCUENTRE EL PERRO.

En la sopa de letras hay que buscar el único perro que hay en ella.

```
DGOODDODGOODDO
ODOOGGGOODGOGG
OGOGDOOOGOODDD
DGDOOOGGOOGDGO
OGDGOGDGOGGOGD
DDDGDDODOOGDOO
ODGOGGDOOGGOOD
```

¿Será Vd. capaz de encontrarlo?

### 3034. EXPRESIONES FALSAS.

No es cierto que:

- Todas las zorras sean golfas.
- Al macho cabrío le pongan los cuernos por sistema.
- Las ovejas de pura lana sean vírgenes.
- Las pescadillas se muerdan la cola.
- Las focas tengan alma de artista porque les gusten los focos.

¿Podría Vd. encontrar otras expresiones similares?

### 3038. SON PARIENTES (4).

Las siguientes letras tienen todas ellas algo en común que ninguna de las demás tiene.

¿Qué es?

### 3044. CIUDAD Y BOTINES.

¿Cuál es el nombre de una ciudad española que si se le añade una letra al final, resulta un cuero muy buscado en la fabricación de botines?

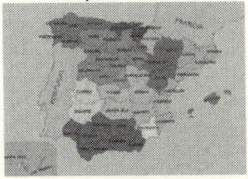

### 3048. JOSES.
Siguiendo siempre el camino hacia una celda adyacente, ¿cuántos caminos distintos hay para escribir la palabra JOSE?

### 3054. LA SÍLABA.
¿Qué sílaba debe Vd. colocar en el círculo central para que se formen 4 palabras con sentido?

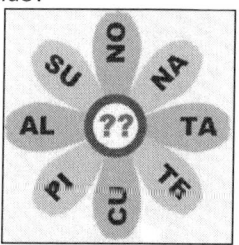

### 3058. NO ES SEXISTA LA LENGUA, SINO SU USO.
*(El idioma español sufre acusaciones comprensibles desde la óptica del feminismo, pero tal vez injustas)*
*(El País: 24 de febrero de 2018)*

El feminismo de hombres y mujeres que obran de buena fe ha progresado a costa del lenguaje, porque sus reivindicaciones constituyen un fin superior que no debe detenerse ante daños secundarios que ni causan víctimas ni son irreversibles.

Y realmente no se pueden equiparar la protesta ante el abuso del feminismo en tal o cual palabra y la lucha frente a los maltratos, las vejaciones, la discriminación, la ocultación o los salarios que sufren las mujeres.

Así pues, situarse en la defensa del idioma supone, en la práctica, enfrentarse a la causa feminista. Y criticarla en ese terreno sería como censurar a los bomberos por usar sus hachas para derribar la puerta cerrada y salvar así a las víctimas que se hallan desvanecidas en el interior entre las llamas. Qué importa la integridad de la puerta si se trata de rescatar a seres humanos. Qué importa la integridad del idioma si se trata de una lucha justa.

Por tanto, se puede comprender y compartir esa corriente del feminismo que fuerza las palabras para lograr una conciencia general que a su vez consiga cambiar la situación; del mismo modo que no se criticaría a los bomberos en la tesitura referida salvo que el portero del inmueble les hubiera dado una llave.

Con una llave, los bomberos seguirían allanando un domicilio sin permiso expreso de los dueños, pero en tal caso nadie juzgaría violenta esa acción.

El uso habitual del hacha contra la lengua ha llevado a muchas personas bienintencionadas a considerarla como un sistema construido por el varón, y por tanto masculino; y por tanto machista y discriminatorio. Se arroja así una sombra de rechazo sobre ese patrimonio cultural, una maquinaria compleja cuando se analiza y sencilla cuando se usa; una lengua que, paradójicamente, llamamos "materna".

Y eso que en España no se ha distribuido una circular del Gobierno que, como sí sucedió en Francia en noviembre pasado, condene el lenguaje inclusivo en los documentos de la Administración; ni la Academia española ha criticado, cosa que sí hizo la francesa, la flexión en femenino de los nombres de profesiones y oficios. Más bien todo lo contrario.

Pero quién sabe si muchos adolescentes interesados en la filología, la psicolingüística o la filosofía de la lengua no se habrán desviado de su vocación al toparse con esos denuestos. Si se desprestigia el idioma, se desprestigia lo que a él va asociado.

Acusan de machismo a la lengua española, sí, pero el mismo sistema que no ha dado duplicaciones como "corresponsal" y "corresponsala" ha acogido sin problema "guardián" y "guardiana" o "capitán" y "capitana", o "bailarín" y "bailarina". Quienes tienen formación en filología saben que esas decisiones lingüísticas se deben a razones históricas o etimológicas, a veces incluso aleatorias, pero no sexistas.

### Idioma y realidad.

La lengua no es la realidad, sino una representación de la realidad. Tenemos la palabra "padre", que representa a un hombre, y el término "madre", que representa a una mujer. Pero si una amiga nos dice "mis padres no están" y yo sé que sus padres son un hombre y una mujer, la palabra "padres" los representa a ambos, y no cabe invisibilidad alguna de la madre: la realidad conocida influye en el lenguaje y lo modifica.

**J. E. M. - Solo LENGUAJE (1 y 2)**

Si cuento que "en el concurso de belleza de las fiestas participaron veinte jóvenes", quien me escuche pensará en veinte mujeres a pesar de que no hay marca de género en ese mensaje. Sin embargo, si escribo "entre sólo tres policías detuvieron a los diez terroristas", en la palabra "policías" se habrá visto a tres hombres (lo mismo que sólo habrá varones en la palabra "terroristas"), aunque tampoco se ofrezca ninguna pista gramatical al respecto. Esto sucede por la influencia de la realidad en la percepción de las palabras que la representan: abundan los concursos de belleza femenina, hay más policías varones que policías mujeres y son escasas las terroristas. Cuando la realidad cambie, esas mismas palabras representarán la realidad cambiada. Es la realidad la que cambia la lengua. La lengua en sí misma sólo puede avisar para que la realidad cambie.

Por ejemplo, hace años pudo producirse ocultación de la minoría femenina en una expresión como "los diputados españoles", pero ahora ningún ciudadano ignora que en "los diputados" entran hombres y mujeres. Por la misma razón, si asistimos a una conferencia sobre *Los derechos de los españoles y las españolas,* sabemos que son los mismos para ambas colectividades. Pero no sucederá lo mismo si la charla se titula *Los derechos de los saudíes y las saudíes,* pues nuestro conocimiento de la realidad hará que pensemos en derechos diferentes. Una misma estructura sintáctica da resultados distintos. ¿Por qué? Por culpa de la realidad. Cambiémosla.

Las duplicaciones han servido de mucho en la comunicación feminista, han influido en la conciencia general; pero en muchos terrenos la realidad puede hacerlas ya inservibles, por superadas; o, peor aún, contraproducentes por cansinas. El peligro consiste en que esa sensación se dé antes de tiempo: es decir, que el cansancio llegue antes de cumplirse los objetivos que la duplicación pretende.

No obstante, sí cabría combatir algunos usos asimétricos en la lengua sin derribar el sistema con el hacha. Es decir, usando la llave.

Además de reducir la reiteración de duplicaciones para evitar el cansancio y el rechazo, se podría decir, por ejemplo, "la persona" en vez del genérico masculino "el hombre" o "los hombres". Y también "la abogacía" en lugar de "los abogados", o "la juventud" en lugar de "los jóvenes". La filóloga feminista Mercedes Bengoechea ha elaborado una relación de casos así que vale la pena atender.

**Género.**

También puede darse una reacción contraproducente con la insistencia en la nueva acepción de la voz "género" alumbrada hace 23 años -tras la conferencia de Pekín- mediante una mala traducción de la voz *gender,* que a su vez funcionaba en inglés como eufemismo de "sexo".

Una silla tiene género, pero no sexo. Los géneros gramaticales agrupan el masculino, el femenino, y el neutro (antaño se incluyeron también el epiceno y el común). Pero la biología sólo acoge el sexo masculino y el femenino (sin que eso excluya el sentimiento de cada cual y el cambio del uno al otro). Así, la confusión entre género y sexo es fuente de grandes malentendidos.

Además, el vocablo "género" (admitido ya por la Academia en el sentido sociológico) altera su polaridad según el contexto: en "violencia de género", esta voz sustituye a "machista" y refleja una idea firmemente peyorativa. Sin embargo, la locución "políticas de género" puede equivaler a "políticas de igualdad", y del tal modo ese "género" adquiere un tinte positivo, como sucede también en "conciencia de género". Por tanto, esta palabra es en esencia positiva unas veces y negativa otras, lo cual dificulta su valor como idea omnicomprensiva del problema.

Por otro lado, la locución "violencia de género" se percibe como algo técnico, incluso suave; un término sociológico que se distancia de los hechos; mientras que el concepto "machista" se condena a sí mismo como algo temible y reprobable, y sería una buena llave para abrir la casa en llamas.

### Accidente gramatical.

El género es un accidente gramatical. La lengua española no se muestra muy coherente respecto al género. Las palabras terminadas en *o* suelen ser masculinas, pero tenemos "la contralto", "la canguro", "la modelo", "la sobrecargo", "la mano"... Las palabras terminadas en *a* suelen ser femeninas, pero decimos "el día", "el pirata", "el pediatra", "el fisioterapeuta". La *e* también se reparte, como en "la esfinge" y "el jefe". Algunas palabras tienen un solo género que vale para los dos sexos (los nombres epicenos), como "la persona", "la criatura", "la víctima", "la jirafa", "la ballena" y otros muchos nombres de animales. Y usamos los femeninos "su santidad", "su majestad" o "su excelencia" para referirnos a varones. Y, por supuesto, algunas palabras en femenino engloban a hombres y mujeres ("la judicatura", "las más altas personalidades"...), lo mismo que al revés ("el profesorado", "los altos cargos del partido"). Y además hemos fosilizado expresiones con una extraña concordancia masculino-femenino, como "a ojos ciegas" o "a pies juntillas". Realmente, no se puede decir que el genio del idioma se haya dedicado mucho a que el género se corresponda estrictamente con el sexo.

Sin embargo, la corriente feminista ha hecho causa del asunto, y ha logrado que se abran paso alternativas a términos comunes para el masculino y el femenino, como "juez" ("el juez" y "la juez", pero ahora "la jueza"), o "líder" ("la lideresa"); si bien eso no ha alcanzado a otros como "modelo" ("el modelo", "la modelo") o "atleta" ("el atleta", "la atleta")...

Al mismo tiempo, en teórica contradicción con el caso de "juez", se desecha el desdoblamiento de "el poeta" y "la poetisa", y no parece haber polémica con "el sumiller" y "la sumiller" o "el mártir" y "la mártir", entre otros ejemplos posibles.

Es decir, en unos casos se pretende el desdoblamiento, en otros la simplificación y en otros no hay ninguna lucha al respecto. En justa correspondencia con el desorden gramatical.

### El mejor árbitro es una mujer.

Por otra parte, el tan denostado genérico masculino ofrece sus compensaciones. La final de Copa de rugby masculino, disputada el pasado 30 de abril, fue arbitrada por la granadina Alhambra Nievas, que está considerada "el mejor árbitro del mundo". Y al decir "Alhambra Nievas es el mejor árbitro del mundo", estamos dándole un papel preponderante no sólo entre las mujeres sino también entre los hombres. El masculino genérico no la hace desaparecer, sino que agranda su importancia. Por tanto, como sostienen las profesoras y feministas Aguas Vivas Catalá y Enriqueta García Pascual, no se debe confundir la ausencia con la invisibilidad.

### Cuestiones de uso.

Catalá y García Pascual han escrito también: "Lo que hay que analizar no es el sexismo en el lenguaje, sino el sexismo en el uso del lenguaje".

He aquí algunos casos, entre otros muchos posibles, en que sí se produce un claro sexismo al usar las palabras, a menudo de forma inconsciente.

### El salto semántico.

Expresión que acuñó Álvaro García Meseguer, autor del primer gran ensayo sobre el sexismo lingüístico en España. Por ejemplo: "Los ingleses prefieren el té al café. También prefieren las mujeres rubias a las morenas". De ese modo, "los ingleses" reúne a hombres y mujeres; pero en la siguiente oración desaparecen éstas de aquel genérico.

### Visión androcéntrica.

Se da cuando el papel de la mujer se subordina en el lenguaje al protagonismo del hombre, incluso estando situada al mismo nivel profesional.

Así, hemos podido oír: "Brad Pitt llegó acompañado por Angelina Jolie". Podría decirse al revés, "Angelina Jolie llegó acompañada por Brad Pitt"; pero sería mejor comentar que "Angelina Jolie y Brad Pitt llegaron juntos". Cuando llegaban juntos, claro.

Del mismo modo, si una empresa recomienda a sus comerciales llevar corbata, está eliminando de un plumazo a las comerciales.

### Partículas discriminatorias.

A estas tendencias sexistas se suma otra más emboscada aún, y que opera con las conjunciones adversativas y concesivas: "Trabaja muy bien, aunque está embarazada", o "es una mujer, pero muy competente".

### Asimetrías en los nombres.

Ocurren cuando se cita a las mujeres por el nombre y a los hombres por el apellido. El nombre de pila acerca al personaje y refleja un tono familiar; el apellido le otorga un trato más respetuoso. Esa asimetría se dio en este titular: "Destituyen al senador que acusó a Dilma de corrupta".

El uso sexista se produce asimismo al colocar un artículo femenino delante de los patronímicos de mujeres artistas: "la Pantoja" o "la Callas", que no tienen su correspondencia en "el Bisbal" o "el Serrat". También en el caso de políticas como "la Thatcher" o "la Cifuentes".

Y al denominar las obras de pintores o escultores de fama, se dice "un picasso", "un miró"; pero no "un khalo" (un cuadro de Fidra Khalo).

Se dan asimetrías igualmente en expresiones arraigadas, como "una mujer de vida alegre"; que se diferencia de "un hombre de vida alegre", además de la ya conocida diferencia entre ser "un zorro" o "una zorra".

En medio de todos estos problemas referidos al uso, está apuntando en él un fenómeno que permite albergar ciertas esperanzas: el femenino genérico. Pero no forzado, sino natural.

Anoté algunos casos durante los Juegos de Londres, todos ellos en boca de varones: un entrenador y distintos periodistas de la cadena SER: "Jugamos tranquilas, ¿eh?" (Seleccionador del equipo femenino de balonmano, durante un tiempo muerto). "¡Si ganamos, estamos clasificadas!" (Un periodista, sobre el equipo femenino de waterpolo). "Si estamos entre las siete primeras vamos a ser oro" (sobre la regatista española Marina Alabau en windsurf). "Somos terceras después de las rusas" (sobre el equipo de natación sincronizada). "Hemos pecado un poco de inexpertas" (tras una derrota en waterpolo femenino). Y más recientemente: "¡Hoy podemos ser campeonas de Europa de bádminton!" (Carolina Marín).

**Conclusión.**

Quizá resuman todo lo dicho hasta aquí las palabras escritas por Aguas Vivas Catalá y Enriqueta García Pascual: "Se puede ser feminista sin destrozar el lenguaje. Pero difícilmente se puede evitar un uso sexista de la lengua sin ser feminista".

Y también lo que defiende la profesora feminista María Ángeles Calero, partidaria de que se deshaga desde la escuela la falsa relación entre género y sexo: El género se debe considerar como un mero accidente gramatical.

Un accidente, esperemos, sin daños personales.

### 3064. ALGUNAS NOVEDADES ORTOGRÁFICAS Y OTROS DETALLES (2010).

Plasmándolas en papel se pueden recordar en cualquier momento.

La "y" (i griega) se llama ye.

La "ch" y la "ll" no se consideran letras del alfabeto. (Desde 2001 ya no se consideraban letras para ordenar alfabéticamente a parte, se ordenaban en la "c" y la "l").

El plural de "jersey" es "jerséis"; el de "espray", "espráis"; el de "gay", "gais".

Se debe escribir "licra" y "géiser" y no lycra y géyser.

En castellano se pronuncia la "ll" final de las palabras catalanas como "l". Sabadel, Martorel.

Se puede escribir "nb" en Gutenberg y Hartzenbuch puesto que los nombres propios extranjeros conservan su ortografía.

Se debe escribir y decir "campin", "castin" y "cáterin" sin la "g" final.

"México", "Oaxaca", "Texas": se pronuncia la "x" como "j" y se pueden escribir con "j" sin problemas.

Pulla es un dicho agudo. Puya es la punta afilada del picador.

La "x" al principio de palabra de pronuncia como "s". Xilófono.

El verbo "prever" (ver con anticipación) se conjuga como "ver" y no como "leer". Previó, previendo.

Se debe tender a reducir a una vocal cuando van dos seguidas. Portaviones.

Se debe decir "sicología" y "siquiatra", y se pueden escribir sin "p".

Se debe quitar la "t" de "pos(t)" en posdata, posgrado, posparto. Aunque es correcto también con "t".

"Sétimo" y "setiembre" también valen aunque se usan poco.

## J. E. M. - Solo LENGUAJE (1 y 2)

Se separan así: de.sahu.cio, prohi.bi.ción, ahi.ja.do.

Aunque se pronuncian átonos se escriben con tilde. José Luis, María Ángeles.

Valen "palían" y "palian", "adecúan" y "adecuan", "evacúa" y "evacua".

La tilde comenzó a usarse a mediados del siglo XVI.

La "o" ya no lleva tilde ni entre números.

"Súper" lleva tilde cuando se refiere a "supermercado", "gasolina" o "muy bien".

Los adverbios terminados en "-mente" siguen conservando la tilde. Cortésmente.

Las palabras llanas acabadas en "y" llevan tilde. Yóquei, póney.

Las palabras llanas acabadas en doble consonante también llevan tilde: bíceps, tríceps, cíborg, wéstern, récords, fórceps.

"Guion", "fue", "truhan", "liais" no llevan tilde por ser monosílabas.

"Solo" y los pronombres demostrativos tampoco llevan tilde.

"Tés" conserva la tilde diacrítica del singular.

Los verbos con pronombres personales pospuestos siguen las normas generales. Deme, démelos.

Dos o tres vocales seguidas no se separarán nunca al final de línea aunque estén en sílabas diferentes. Paí-ses y no pa-íses, escribi-ríais y no escribirí-ais.

Se escriben con minúscula los tratamientos (usted, excelencia, majestad, monseñor); títulos y cargos (rey, reina, papa, presidente, duque, arzobispo); profesiones (médico, abogado, ingeniero); gentilicios (turcos, aztecas).

Asignaturas y materias de estudio con mayúscula (Inglés, Lengua, Matemáticas).

Etapas y ciclos educativos con minúscula (educación primaria, bachillerato).

Los puntos cardinales con minúscula (sur, este, oeste, norte).

La lenguas con minúscula (inglés, francés, español).

Mejor asimismo (también) que así mismo.

A dónde/adónde y a donde/adonde se pueden usar indistintamente.

En las abreviaturas con letras voladas el punto va delante de ellas. Sr.ª, 3.ᵉʳ.

Las únicas abreviaturas que no llevan punto (C/) son las que tienen "/".

Las abreviaturas conservan la tilde. Pág.

Las siglas no llevan puntos entre las letras (CEIP Peñalta) y no llevan tildes. En cambio los acrónimos sí la llevan.

J. E. M. - Solo LENGUAJE (1 y 2)

### 3068. NO ES TRES.
El título es verdadero.
De 24 es 12
De 18 es 9
De 14 es 7
De 8 es 4
De 6 es ...
¿Qué es?
*(No es 3)*

### 3074. CURIOSA PALABRA.
¿Qué tiene de particular la palabra "FOIE"?

### 3078. DE ADJETIVOS VA LA COSA.
Hay adjetivos honestos, como "corta", "esdrújula", que significan lo que son.

También hay adjetivos deshonestos, como "larga" o "japonesa".

¿Qué adjetivo es inclasificable en cualquiera de estas dos categorías?

### 3084. UN SENTIMIENTO.
Con tres palabras y once letras construya Vd. un solo sentimiento.

J. E. M. - Solo LENGUAJE (1 y 2)

### 3088. EXTRAÑO ORDEN.
¿Qué orden, lógico y extraño, sigue la siguiente secuencia numérica?

**1, 101, 31, 131, 1131, 2131**

### 3094. LA LEY QUE RIGE.
¿Qué ley rige esta secuencia?

**Uno, dos, tres, cuatro, cinco, ocho, nueve, diez, quince, treinta y uno, mil, ...**

### 3098. ESCONDIDOS.
Encuentre los refranes o frases hechas que se esconden detrás de las siguientes versiones cultísimas:

1. ¿Qué individuo te ha surtido de cilindro cerífero en el presente sepelio?
2. Es más lucrativo semoviente volátil en cavidad metacarpiana que magnitud elevada en espacio heteroaéreo.
3. A equino graciosamente transferido no le periscopees el incisivo.
4. Quien con impúber pernocta excrementado alborea.
5. A dicciones articuladas por laringes insolentes, trompas de Eustaquio en estado letárgico.
6. Innúmeras estridencias, más escasos frutos de vegetales juglandáceos.
7. Ejecuta lo provechoso y no vislumbres al sujeto agraciado.
8. Manifiesta a mi ego con quién te relacionas y un servidor pronosticará tu personalidad.
9. Quien anhele semovientes acuáticos que se inunde los glúteos.

J. E. M. - Solo LENGUAJE (1 y 2)

### 3104. POR LA FORMA.
Fijándose en la forma de las letras, tal vez pueda Vd. averiguar cuál completa la siguiente secuencia.

B - C - D - E - H - I - K - O

### 3108. LA REGLA.
¿Qué regla es la que cumplen estas letras, y ninguna otra?

A - H - K - M - N - R - W - X

### 3114. DOS LETRAS.
A las siguientes palabras basta cambiarles dos letras para obtener en cada caso el nombre de una flor.

**VILLERA - ALACENA – CARMÍN – MAGNESIA ALERO - CAMELLO**

¿Cuáles son esas flores?

### 3118. DE LORCA.
Tomamos dos frases de Federico García Lorca y mezclamos sus palabras.

| Dejemos fuentes que las de delante las aguas sed corran tener. | Quisiera y como, amarte las estrellas quisiera yo salgan. |

Una de las frases está escrita en su orden, y la otra de atrás hacia delante.

¿Puede reconstruir las dos frases? *(La coma forma parte de una de las frases)*

### 3124. EN COMÚN.
¿Qué tienen en común estas palabras?
### AGUA - BAOBAB - COÑAC - DEIDAD – ESFINGE

Es algo que muy pocas palabras más comparten.

### 3128. UNA LETRA.
A las siguientes palabras basta cambiarles una letra para obtener en cada caso el nombre de una flor.
### ROCA – BARDO – APALEA – PILA – PEONZA – SIRIO

¿Cuáles son esas flores?

### 3134. NUESTRA MENOS UNA.
Si a la palabra "nuestra" que tiene siete letras le quita Vd. una, ¿cuántas le quedan?

### 3138. SINGULAR Y PLURAL.
La palabra de cuatro letras: **"XXXX"**, en singular es masculino y en plural es femenino.

J. E. M. - Solo LENGUAJE (1 y 2)

¿Sabe Vd. qué palabra es?

### 3144. MUCHAS LETRAS.
¿Qué palabra tiene la mayoría de las letras en ella?

### 3148. APIO.
Añada una "o" a la palabra "Apio" sin quitar ni añadir nada más, para formar una palabra común en español.

### 3154. PRIMERO Y ÚLTIMO.
En un aula de educación infantil colocan a los niños por orden alfabético de nombres.

Los gemelos Alejandro y Zacarías son el primero y el último, respectivamente, lo que no les gusta nada.

Su padre les dice que en el futuro vendrán compañeros que ocupen ese lugar, que no se quejen, que hay otros nombres condenados a esos puestos primero y último.

¿Como cuáles, por ejemplo?

J. E. M. - Solo LENGUAJE (1 y 2)

### 3158. HOMBRE Y MUJER.

Hay en castellano una palabra, de uso común, cuyas dos primeras letras designan a un hombre, las cuatro primeras a una mujer y la palabra entera a un gran número de ellas.
¿Qué palabra es?

### 3164. AMBIFRASES.

En las recientes modificaciones ortográficas han hecho desaparecer la tilde de la palabra "solo" pues según el contexto se distingue fácilmente si se refiere a "solamente" o "en solitario".
No estoy de acuerdo ni conforme, vea estos ejemplos:

*Estuve teniendo sexo solo una hora.*
*Estuve teniendo sexo sólo una hora.*
*Ayer tomé el café solo.*
*Ayer tomé el café sólo.*

¿Qué le parece a Vd.?
¿Qué otras ambifrases se le ocurren?

### 3168. CIFRAS Y LETRAS.

El número 2 se escribe con una sola cifra, y su nombre, "dos", usa tres letras.
El número 1.000.000 se escribe con siete cifras y su nombre, "un millón", usa ocho letras.
¿Cuál es el primer número en el que la cantidad de cifras es mayor que la cantidad de letras de su nombre?

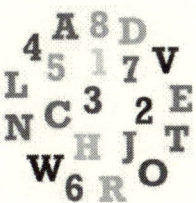

### 3174. EDIFICIO MILITAR.

Busque una palabra que represente a un edificio militar.

Reordenando sus letras obtenga a alguien que lo habita.

J. E. M. - Solo LENGUAJE (1 y 2)

### 3178. CON UN ANIMAL.
¿Qué tres capitales europeas terminan con un animal?

### 3184. AYÚDAME.
Ayer recibí un extraño email de mi amigo Jorge. Tuve que descifrarlo para comprender que me pedía ayuda. El email constaba de las dos líneas de texto adjuntas.

**Ncs ada, n m clad n fncnan las clas d la fla d aba.
¿M cmnd gal?**

¿Qué es lo que me decía Jorge exactamente?

### 3188. DOS ANIMALES.
Escribiendo los nombres de dos animales uno detrás del otro, queda una palabra para describir cierta clase de pelo.

¿Qué animales son?

### 3194. LA HERRAMIENTA.
¿Qué herramienta de limpieza termina en un número?

J. E. M.  -  Solo LENGUAJE (1 y 2)

### 3198. MUJER Y FLOR.

Tome un nombre de mujer, agréguele una letra al comienzo, y obtenga una flor.

### 3204. LAS COSAS.

Una cosa cuyo nombre tiene dos aes seguidas suele encontrarse encima de otra cosa cuyo nombre también tiene dos aes seguidas.

¿Qué cosas son?

### 3208. A LOS LADOS DEL PASILLO.

Un autobús sale de excursión. Eva y César se sientan en el lado izquierdo del pasillo, mientras que Pío y Julio se sientan en el lado derecho.

Siguiendo el mismo criterio, ¿en qué lado deberán sentarse Manolo y Fernando?

### 3214. HABANA SIN H.

¿Cómo pondría usted Habana sin H correctamente?

### 3218. GRAVE CURIOSA.

¿Cuál es la palabra grave (llana) del idioma castellano, que con más ahínco tonal se pronuncia?

## 3224. MASCULINO Y FEMENINO.

Caballo-yegua, hombre-mujer, yerno-nuera, padre-madre, varón-hembra, carnero-oveja... son parejas que sintácticamente no se parecen en nada.

¿Sabría Vd. añadir a la lista algunas más?

## 3228. EL DE QUE.

Uno de los fallos gramaticales estrella, es el mal uso del *"de que"*. Suena mal ver escrito un "de que" incorrecto, por eso, muchas personas eliminan automáticamente todos los "de que" cuando, en realidad, muchos son correctos.

Pero, ¿cómo saber si un "de que" es correcto o incorrecto?

¿Qué expresión es correcta de las dos siguientes?

*"Me llamó la atención que no viniera"*
*"Me llamó la atención de que no viniera"*

Hay un sencillo truco para saber cuándo el "de que" es correcto y cuándo no lo es: *Sustituya todo lo que haya detrás del verbo por la palabra* **"ALGO"**. *Si le suena bien sin necesidad de añadir un "de" antes del "algo", es que el verbo no necesita un "de que".*

Verbos que a veces causan confusión pero que no necesitan "de que" son: *opinar algo, decir algo, comentar algo, considerar algo, temer algo, intuir algo, recordar algo...*

Algunos verbos que sí necesitan "de que" son: *darse cuenta de algo, acordarse de algo, alegrarse de algo...*

En los ejemplos siguientes ponga Vd., dentro del paréntesis, "que" o "de que" para que la frase sea correcta.

Me llamó la atención (------) no viniera.
Pensé (------) era extraño.
Me di cuenta (------) era demasiado tarde.
Me acordé (------) tenía una cita con el dentista.

¿Será Vd. capaz de no equivocarse?

J. E. M. - Solo LENGUAJE (1 y 2)

### 3234. HOMÓNIMOS.

Algunos sustantivos cambian de significado al combinarlos con determinativos de distinto género:

*El editorial:* Artículo no firmado que expresa la opinión de la dirección de un periódico.

*La editorial:* Casa editora.

*El frente:* Parte anterior de algo, primera línea de combate, zona de contacto de dos masas de aire, coalición de partidos u organizaciones con un objetivo común.

*La frente:* Parte superior de la cara.

*El cólera:* Enfermedad epidémica.

*La cólera:* Ira.

¿Puede Vd. añadir alguna más?

### 3238. DE DEDOS.

¿Qué palabra usaría Vd. para describir a una persona que no tiene todos los dedos en una mano?

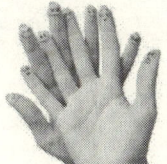

### 3244. ¿ES EXTRAÑO?

Cuál es la palabra de 4 letras, que tiene 3 letras, aunque se escribe con 6, raramente consta de 9, mientras tiene 8, y nunca se escribe con 5.

¿Qué le parece este acertijo? ¿Es extraño?

### 3248. SOBRETODO / SOBRE TODO.

Un error muy frecuente que se encuentra en muchos textos es *"sobretodo"* en lugar de *"sobre todo"*.

*"Sobretodo"* es sinónimo de "abrigo" (palabra actualmente en desuso en España).

*"Sobre todo"* se escribe separado, pues es la suma del adverbio "sobre" y del sustantivo "todo"; significa "principalmente, especialmente": *"Me gusta sobre todo el helado de fresa"*.

El truco para saber cuándo se usa separado, es sustituir "todo" por "todas las cosas" (*"Me gusta sobre todas las cosas..."*).

### 3254. INFINITIVOS POR IMPERATIVOS.

Un error muy común en nuestra lengua es la confusión entre imperativos e infinitivos:

*"comprar, comprad mi libro"*
*"compartir, compartid mi foto"*

Como los dos ejemplos son órdenes o peticiones, se utiliza el imperativo.

Un uso correcto del infinitivo sería por ejemplo:

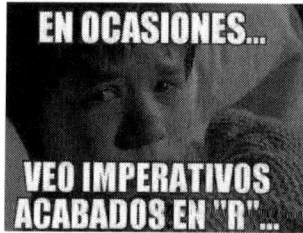

*"escribir a diario, ayuda a establecer un hábito"*
*"leer, a los niños les fomenta su desarrollo mental"*

### 3258. LA COMA TRAS PERO.

Jamás hay que usar comas cuando tras un pero sigue una oración interrogativa o exclamativa:

*Pero ¿qué has hecho?*
*Pero ¡qué bien estás!*

### 3264. DEL VERBO HABER.

Aunque lo correcto es decir: *"hubo problemas"*, *"ha habido gastos"*, *"hay personas"*. Hay gente que dice: *"Hubieron problemas"*, *"han habido gastos"*, *"habían personas"*.

El verbo haber en estos casos es impersonal, es decir, no tiene sujeto, como cuando decimos "hemos comido" o "han viajado". "Personas", "gastos" o "problemas", no son el sujeto de la frase, sino el objeto directo, y el verbo concuerda siempre con el sujeto y no con el objeto directo. Por lo tanto, el hecho de que ese nombre sea plural no hace que el verbo sea plural.

De la misma forma que decimos "Juan compró dos balones" y no "Juan compraron dos balones", decimos también "Hay dos cajas de cerveza", "Había tres cuervos" o "Hubo personas que lloraron durante la película".

En su forma impersonal, el verbo haber solo puede usarse en tercera persona del singular: hay, hubo, habría y habrá.

### 3268. CONTRA MÁS.

Horrorosa expresión mal escrita. Lo correcto es "cuanto más" o "cuanto menos", nunca "contra más" o "contra menos".

### 3274. FIRULETES.

Las palabras: *riñón*, *piñón* y *cigüeña* tienen tres firuletes en su nombre.

¿Conoce Vd. alguna palabra de nuestro idioma que tenga cuatro firuletes?

### 3278. SIETE LETRAS, UNA VOCAL.

Encuentre un anglicismo frecuente en nuestro lenguaje que con siete letras contenga solamente una vocal.

J. E. M. - Solo LENGUAJE (1 y 2)

### 3284. CINCO PALABRAS.
Sabiendo que AB, BC, CD y DE son palabras castellanas ordinarias, ¿qué significado tiene ADCBE?

### 3288. CONFUSA CONVERSACIÓN.
Dos niños, confundidos con los días de la semana, hicieron una pausa en su camino a la escuela para aclarar las cosas.

«*Cuando pasado mañana sea ayer*», dijo María, «*entonces el hoy estará tan distanciado del domingo como el hoy de cuando anteayer era mañana*».

¿En qué día se produjo esta misteriosa conversación?

### 3294. DA CALOR.
Trate de solucionar la siguiente charada:
Animal prima,
vegetal la dos,
la tercera nota
y todo da calor.

### 3298. A PARTE.
Lo correcto es "aparte".

Irónicamente: ¡Aparte se escribe siempre junto!

### 3304. AÚN, AUN.
**Aún** (con tilde) es un adverbio que equivale y se puede sustituir por *todavía*.

*Juan aún no había escrito*

**Aun** (sin tilde) se puede cambiar por *incluso* o *ni siquiera*.
*Juan no escribió ni aun contestó al teléfono*

## Aún - todavía
## Aun - incluso

### 3308. LA COMA DEL VOCATIVO.

Se utiliza para separar aquellas palabras que inducen a una llamada. Busca la atención directa de la persona:
*Pablo, habla más despacio.*
*Camarero, la cuenta.*

> La coma más olvidada del español: la del vocativo

### 3314. COMA ENTRE SUJETO Y VERBO.

Casi todo el mundo siente atracción por colocar comas en lugares prohibidos. Un buen ejemplo de ello es situarla entre el sujeto y el verbo de una oración, algo totalmente censurado.

Hay contextos en los que por mucho que queramos hacer una pausa, estamos ante uno de los errores ortográficos más evidentes.

> La coma detrás del sujeto es asesina: ¡cuidado!

Sobra la coma en:
*El cantante, lidera la lista más votada*
*Mi hermano Juan, quería viajar a Tailandia*
*Pedro, comió su bocadillo* es un error. Lo correcto es *Pedro comió su bocadillo.*

Lo mismo ocurre cuando el sujeto es una frase subordinada completa: *Lavar los platos por las mañanas era lo que más odiaba*, se escribe sin coma.

Entre el sujeto y el verbo solo puede haber coma cuando dentro del sujeto haya una aclaración que, a su vez, debe ir entre comas: *Los chicos, que se esfuerzan mucho en su trabajo, deben cuidar su descanso diario. Mi hermano Pedro, que vive en Alicante, quería viajar a Tailandia.*

No importa cuán largo es el sujeto, incluso si se trata de una frase completa: *Las vacaciones que hicimos a Tailandia el año pasado fueron las mejores de mi vida.*

En cambio, cuando hay coma, tenemos que hacer pausa y bajada de tono: *Las vacaciones que hicimos a Tailandia el año pasado, aunque llovió, fueron las mejores de mi vida.*

De la misma manera, nunca hay una coma entre el verbo y su objeto directo: *El otro día fui a comprar un coche nuevo.*

En los diálogos, cuando un personaje se dirige a otro, su nombre o apelativo siempre va separado del resto de la frase por coma o comas: *Hola, Alberto, ya he llegado. Hola, mamá.*

La coma en los diálogos marca la diferencia entre hablar 'sobre una persona' y hablar 'a una persona'.

*Me gusta Alberto, es muy elegante*
*Me gusta, Alberto, es un coche muy elegante.*
*Vamos a comer niños.*
*Vamos a comer, niños.*

### 3318. LA DOBLE NEGACIÓN.

¿Es correcta la doble negación en español?

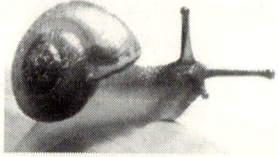

Es decir, ¿es posible combinar en una misma oración dos elementos que tengan sentido negativo?

### 3324. DESPACIO.

Si prima-cuarta es cristal
y tres-dos es hierbabuena,
despacio será total.

J. E. M.   -   Solo LENGUAJE (1 y 2)

### 3328. DE PREFIJOS.

Los prefijos se escriben unidos a la base léxica (cuando esta está formada por una sola palabra) sin espacio y sin guion intermedio: antibacteriano, copartícipe, ex-presidente…

Despeinar
Exalumno
Subterráneo
Telecomunicación
Ultrasónico

La única excepción se produce cuando la base léxica está compuesta por más de una palabra, entonces los prefijos irán separados: ex director general, pro derechos humanos…

Se usará guion sólo si la palabra empieza por mayúscula o es un número: anti-Podemos, super-8 o cuando sea necesario para la correcta comprensión del derivado: ex-preso (alguien que ya no es presidiario) frente a expreso (tren de viajeros).

### 3334. LA CARACTERÍSTICA.

Las palabras *"SOPAPOS"* y *"TORTAZOS"* son sinónimos, pero la primera tiene una característica que no tiene la segunda.
¿Cuál es esa característica?
*(No me diga que tiene 7 letras y la otra 8 o algo similar)*

### 3338. EL TODO ES VEGETAL.

Parte del cuerpo sin prima,
sin la segunda, mujer,
un animal sin tercera,
y el todo vegetal es.

### 3344. MÁS CORAZÓN.

¿Cuál es la letra que demuestra más corazón?

J. E. M. - Solo LENGUAJE (1 y 2)

### 3348. EN GALICIA.
¿Cuál el nombre más común en el interior de Galicia?

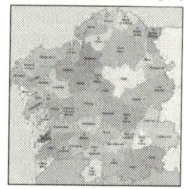

### 3354. LA HORA ABREVIADA.
La abreviatura correcta de hora (y horas) es "h", no "hr" ni "hrs". Nunca lleva punto, a no ser que sea final de oración.

### 3358. PALMARÉS.
¿Sabe Vd. cuál es el plural de 'palmarés'?

### 3364. 'ADELANTE' Y 'DELANTE'.
*"Adelante"* se usa igual que *"delante"*, pero cuando necesitamos usarlo con las preposiciones "hacia" y "para" escribimos solo "delante" porque "adelante" ya lleva incluida la preposición.

Con verbos de movimiento significa "más allá": *Siguió hacia delante.*

Con verbos de estado significa "parte delantera": *Estaba sentado delante de mí.*

Precedidos de la preposición "en" significa "a partir de un punto determinado". Siempre va con "adelante": *De ahora en adelante haremos lo que yo diga.*

### 3368. MUCHÍSIMAS VOCALES.
Existe un apellido español que contiene muchísimas vocales y curiosamente todas son iguales.

(Pista: Más de siete vocales)

J. E. M. - Solo LENGUAJE (1 y 2)

### 3374. NÚMEROS Y LETRAS.

Los números pueden ser ordenados de muchas formas distintas a la clásica 1, 2, 3, 4...

Ordénelos de modo que el nombre de cada número tenga solamente una letra en común con el nombre del inmediatamente anterior.

Utilice para ello solamente los números del 1 al 9.

### 3378. LO QUE HACE UNA COMA.

*"La coma, esa puerta giratoria del pensamiento" (J. Cortázar)*

Una buena forma de demostrar la importancia de la coma se muestra en los siguientes ejemplos:

Una coma puede ser una pausa:
> *No, espere.*
> *No espere.*

Puede hacer desaparecer su dinero:
> *23,40*
> *2,34*

Puede crear héroes:
> *Eso solo, él lo resuelve.*
> *Eso, solo él lo resuelve.*

Puede ser la solución:
> *Vamos a perder, poco se resolvió.*
> *Vamos a perder poco, se resolvió.*

Cambia una opinión:
> *No queremos saber.*
> *No, queremos saber.*

La coma puede condenar o salvar.
> *¡No tenga clemencia!*
> *¡No, tenga clemencia!*

Es muy conocida esta genialidad de Julio Cortázar: *"Si el hombre supiera realmente el valor que tiene la mujer andaría en cuatro patas en su búsqueda".*

Si usted es mujer, con toda seguridad colocaría la coma después de la palabra mujer.

Si usted es varón, con toda seguridad colocaría la coma después de la palabra tiene.

J. E. M. - Solo LENGUAJE (1 y 2)

Se cuenta que el emperador Carlos V debía firmar una sentencia que decía así: *"Perdón imposible, que cumpla su condena"*. Pero el monarca, según se cuenta, cambió la coma de sitio antes de firmar: *"Perdón, imposible que cumpla su condena"*, y de ese modo cambió la suerte de algún desgraciado.

El autor del siguiente ejemplo es posible que sea don Fernando Lázaro Carreter. El actor debía decir: *"Señor: muerto está; tarde llegamos"*. Pero por falta de acentos y signos de puntuación dijo: *"Señor muerto, esta tarde llegamos"*.

### 3384. PALABRAS ESCONDIDAS.

Trate de descubrir Vd. las palabras de las que sólo está la inicial en mayúscula, aunque la palabra en sí no tiene por qué ir en mayúscula, es solamente para facilitar la comprensión.

*Ejemplo: 60 M en una H. Solución: 60 minutos en una hora.*

12 S del Z.
88 T de P.
18 H en un C de G.
90 G en un A R.
29 D en F en un A B.
5 D en un C P (en E).

### 3388. DESCUBRE LA CIUDAD.

En cada línea de estos textos se esconde una sola letra. Y con esas letras, leídas de arriba abajo podrás formar una palabra cuyo significado responde a la frase final.

Mi primera está en Sevilla, pero no en Huelva.
Mi segunda está en Guadalajara, pero no en Burgos.
Mi tercera está en Valladolid, pero no en Segovia.
Mi cuarta está en Ávila, pero no en León.
Mi quinta está en Madrid, pero no en Barcelona.
Mi sexta está en Pontevedra, pero no en Lugo.
Mi séptima está en Cantabria, pero no en Asturias.
Mi octava está en Cádiz, pero no en Jaén.
Mi novena está en Zaragoza, pero no en Teruel.
¿De qué ciudad española se trata?

## 3394. DIMINUTIVITOS.

Un *'falso diminutivo'* es una palabra que lo parece por su terminación, pero en realidad pertenece a otro campo semántico.

Veamos un juego que consiste en plantear y resolver frases que reúnan una palabra y su falso diminutivo.

Ejemplo: *"Hizo una pausa en el trabajo en la meseta en que terminan los tramos de una escalera"*. (Descanso-descansillo)

¿Será Vd. capaz de resolver las siguientes?
1. *"Al morder el fruto del peral, el jugo le empapó la porción de pelo que se dejó crecer en la punta de la barba"*.
2. *"El que tiraba del buey manso que sirve de guía en las toradas llevaba una venda pendiente del hombro para sostener el brazo lastimado"*.

## 3398. AQUÍ HAY DE TODO.

El cliente le pregunta al camarero: ¿*Qué tiene?*

El camarero contestó: *Queda gazpacho, fibra, látex, jamón, kiwi y viñas.*

El jefe del local añadió: *Es decir, tenemos de todo.*

¿Por qué dijo esto el jefe?

J. E. M. - Solo LENGUAJE (1 y 2)

# LAS SOLUCIONES

**4.** Los 50.000 lectores que contestaron "No hay solución posible" resolvieron el acertijo, pues esa es la frase que da una vuelta completa por el planeta.

**8.**

| GER | MAN |
|-----|-----|
| MAN | UEL |
| MAR | ISA |
| ISA | BEL |

**14.** Abecedario.
**18.** Cierto Esto le ocurrió a dos amigos en la celda de la cárcel, tiritaban de frío por haber hecho una estafa. No les hubiera sucedido si en lugar de hacer una estafa hubieran hecho una estufa.
**24.** Tengo un resfriado de narices.
**28.** AZAHAR. La consonante inferior es una Z y no una N.
**34.** a) 19. b) Dos soluciones: 22, 24. c) 25, 35.
**38.** a) Verdadera. 5 x 4'20 + 2 = 21 + 2 = 23. b) Verdadera. 5 x 8'40 + 2 = 42 + 2 = 44. c) Verdadera. 10 x 6'60 + 4 = 66 + 4 = 70.
**44.** UNA FRASE CORTA.
**48.** Desnudarse.
**54.** Por ejemplo así: *"Pepe y Paco han ido de caza con sus canes"*.
**58.** Basta con encontrar un nombre que contenga las cinco vocales. Por ejemplo: AURELIO.
**64.** En el escrito no se ha empleado ni una vez la letra a.
**68.** Si quita "TODAS LAS LETRAS INNECESARIAS", le queda "UNA ORACIÓN LÓGICA".
**74.** No, era un vendedor de helados.
**78.** En todo el párrafo no hay una sola letra i.
**84.** El número indica la cantidad de letras que hay en el abecedario entre las dos letras que aparecen. Así entre A y C hay una (la B); entre A y D, dos; y así hasta las catorce que hay entre D y R.
**88.** El cinco.

> ¿Qué número, princesa, tiene el mismo número de letras que el valor que expresa?

**94.** ...perdido la vaca y la baca.
**98.** JULIANA. Esconde: (Juliana, Juana, Julia, Lía, Lina, Ana, Ania, Alina), (Julián, Juan y Alán).
MARTINA. (Martina, Marina, Mar, Marta, Mara, Ana, María, Mina, Amira, Ania, Rita, Tania, Mirta, Irma), (Martín, Amín, Amir y Amán).

J. E. M. - Solo LENGUAJE (1 y 2)

MARIANA. (Mariana, Marina, Mar, Mara, Mina, Ana, María, Ainara, Amira, Ania, Irma), (Ian y Amán).
DANIELA: (Daniela, Dana, Delia, Diana, Dina, Ada, Adán, Aída, Alina, Ana, Ania, Ida, Lía, Lida, Lina, Linda), (Alán y Daniel).
NATALIA: (Natalia, Lia, Ana, Ania, Alina, Aitana, Atilana, Tania, Lina) y (Alán y Atila).
**104.** Anteayer, ayer, hoy, mañana, pasado mañana, al otro y al siguiente.
**108.** CANARIAS. GALICIA. ANDALUCÍA.
**114.** NUNCA.
**118.** La letra a.
**124.** Seis.
**128.** "SÓLO UNA COSA NO HAY. ES EL OLVIDO".
**134.** UNA SOLA PALABRA.
**138.** No es posible.
**144.** "Tire" y "empuje".
**148.** Granada.
**154.** "ENVÍA JET AL RESCATE DE LOS AMIGOS RUSOS".
**158.** Su puntuación era esta:

    *Juana, Teresa y Leonor*
    *puestas de acuerdo las tres,*
    *me piden diga cuál es,*
    *la que prefiere mi amor.*
    *Si obedecer es rigor,*
    *¿digo, pues, que amo a Teresa?*
    *No. ¿A Leonor, cuya agudeza*
    *compite consigo ufana?*
    *No. ¿Aspira mi amor a Juana?*
    *¡Que no! Es poca su belleza.*

**164.** La L. PERLA, PERAL.
**168.** a) Esta frase tiene doce vocales. b) Esta frase no tiene diecinueve consonantes. También vale dieciocho si contamos la ch como una sola letra. c) Esta frase no tiene treinta y cinco letras. d) Esta frase tiene veintitrés vocales y treinta y una consonantes.
**174.** Error.
**178.** UNA BROMA.
**184.** Porque cuando una cosa es buena, es cojonuda, y cuando no, es un coñazo.
**188.** Si en "ODICEULZLTETARAS" tachamos "DIEZ LETRAS" queda "OCULTA".
**194.** Pruebe a ir suprimiendo palabra por palabras de atrás para adelante.

J. E. M. - Solo LENGUAJE (1 y 2)

**198.** La letra hache.
**204.** Cuesta abajo.
**208.** Del parlamento.
**214.** Emeterio. Con 5 y 7 letras: Mario y Macario.
**218.** Ninguna. Se acentúan todas.
**224.** *El notario:* A ellas me remito, pues vuestro padre dejó escrito: "...Y dejo a mi hijo pequeño lo que ellos quieran".
**228.** La letra m.
**234.** La letra e.
**238.** FÁCIL. Todas ellas se forman con el nombre de dos notas musicales.
**244.** Dice: "ES UN MENSAJE FACIL".
**248.** La letra "d".
**254.** Porque el tiempo sin "ti", es "empo".
**258.** Después de tachar SEIS LETRAS, las letras restantes deletrean PLÁTANO.
**264.** SEGREGARAS. QUISQUILLOSO. ARISTOCRÁTICOS. AGREGARÉ. BILABIAL. TERMÓMETRO. RALLAR.
**268.** MIL. IVI.
**274.** En el Grupo 1. Sus letras están en la primera mitad del abecedario.
**278.** UNO, DOS.
**284.** El número de letras de cada palabra se corresponde con cada una de las cifras del número π.
**288.** Se está hablando del número de letras de los números 2, 3, 4 y 6.
**294.** A la letra i.
**298.** Todo, en el mundo de mi sobrino, debe tener alguna letra repetida.
**304.** Rubén. Todas las parejas de amigos tienen las cinco vocales entre los dos nombres.
**308.** La letra V.
**314.** Vino, pino, piso, paso, vaso.
**318.** MESA. Los medios de transporte son: AVIÓN, BARCO, TROLEBÚS Y TELEFÉRICO.
**324.** Cualquiera de las letras: F, L, M, N, Ñ, R, S.
**328.** Si de UDNOASPLAETLARBARSA quitamos "DOS LETRAS" queda "UNA PALABRA".
**334.** SAMUEL. Todas las parejas de amigos tienen las mismas vocales en el nombre.
**338.** Un CUADRADO es un RECTÁNGULO, pero un RECTÁNGULO no es un CUADRADO.

J. E. M. - Solo LENGUAJE (1 y 2)

**344.** Este acertijo basa el equívoco en la polisemia y en los sinónimos. Un sinónimo de "habitación" es "cuarto" y este término también tiene otro significado al referirse a 1/4 de la esfera horaria. Como no hay "un cuarto" para ellas diremos que: Falta un cuarto para las tres. O sea, las 2 horas 45 minutos.

**348.** La letra r.

**354.**
- Mujer catada: ... Mujer recatada: ...
- Lleno a rebosar. ¿Cómo será lleno sin rebosar?
- Guerra sucia contra ETA. ¿Cómo será la guerra limpia contra ETA?
- Rabón es un perro sin rabo.
- Cosa grande: Rata. Cosa pequeña: Ratón.
- Bragas es plural y sujetador es singular.
- Picha es femenino y coño es masculino.
- Collar y collarín no concuerdan con su tamaño.

**358.** La A. Está al final de la VIDA.

**364.** Son los únicos que tienen 6 letras.

**368.** Tachar los números cuyo nombre no tenga tres letras.

**374.** Tachando LAS LETRAS SOBRANTES queda UN VERSO CELEBRE.

**378.** U, V, W, X, Y, Z. Porque todas ellas vienen después de T.

**384.** Cualquiera de las letras. m, e, o.

**388.** Siete y cinco son doce.

**394.** Ya no será EL GRAPO, será GRAPO.

**398.** SOLAMENTE UNA PALABRA.

**404.** Desembebecerse, desembellecerse, empedernecerse, entenebrecerse, excelentemente, preferentemente, vehementemente, represénteseme...

**408.** ARGELIA - ALGERIA. ERITREA - ERITREA.

**414.** Cuatrocientos cincuenta y cuatro. Tiene 29 letras.

**418.** La VID.

Cinco más uno y quinientos te dará, querido amigo, una planta y no te miento.

**424.** UNA PUNTADA A TIEMPO AHORRA NUEVE.

**428.** La respuesta exacta y correcta es: Oía (del verbo oír). Podrían valer también, ya que es un acertijo, las siguientes: a-te-o, ca-pe-a, ca-te-o, ca-te-a, etc.

**434.** Septiembre, Octubre, Noviembre y Diciembre.

**438.** P-O-Ta-Si-O.

**444.** Doroteo, Teodoro.

## J. E. M.  -  Solo LENGUAJE (1 y 2)

**448.** iSaaC NeWToN - aLBeRT eiNSTeiN - LouiS PaSTeuR.
**454.** Leyendo las primeras letras de cada verso: "Enigma".
Cristóbal Pérez Herrera, en el siglo XVIII, encabezó una serie de enigmas con este acróstico autoalusivo.
**458.** UNO, TRES y MIL. Casi todos los números tienen en su nombre o bien letra "o" o bien la letra "e" (algunos como ONCE, contienen ambas). Eligiendo un número con "o" (OCHO), el segundo será un número con "e" (TRES), el tercero deberá ser uno cuyo nombre no incluya ninguna de estas vocales.
*Otras soluciones:* TRES, OCHO y MIL. OCHO, SESENTA y MIL.
**464.** OSCAR WILDE.
**468.** Anguila.

Un truquito este pez tiene
que no todo el mundo sabe:
si a su nombre quitas la ene,
va y se transforma en un ave.

**474.** Reuniendo todos los que de alguna manera hemos comprobado en distintas fuentes, la lista completa está formada por los 107 nombres siguientes: Abra-ham, Ada-n, Adela-ido, Adela-rdo, Adria-n, Africa-no, Aida-no, Alba-no, Alba-r, Amor-oso, Ana-cario, Ana-cleto, Ana-creonte, Ana-nias, Ana-tol, Ana-tolio, Ana-xagoras, Ana-ximandro, Ana-ximedes, Ania-no, Aurelia-no, Berta-rio, Candela-rio, Casia-no, Celia-no, Claudia-no, Clemencia-no, Domicia-no, Emilia-no, Emma-nuel, Eugenia-no, Evangelista, Fabricia-no, Fe-derico, Felicia-no, Fe-licisimo, Fe-lipe, Fé-lix, Fermin, Fe-rnando, Flavia-no, Flor-enciano, Flor-encio, Flor-entino, Flor-ian, Flor-indo, Flor-o, Fortuna-to, Germa-n, Germa-nio, Hilde-fonso, Ines-iso, Irene-o, Isabel-ino, Isabel-o, Julia-n, Julia-no, Laurea-no, Leo-cadio, Leo-degonio, Leo-demio, Leo-n, Leo-nardo, Leo-ncio, Leo-niano, Leo-nino, Leo-pardino, Leo-pardo, Leo-poldo, Leo-tadio, Leo-vigildo, Lisa-rdo, Lucía-no, Lucilia-no, Mar-celiano, Mar-celino, Mar-celo, Mar-cial, Mar-ciano, Mar-cio, Mar-co, Mar-cos, Mar-dino, Mar-garito, Mar-iano, María-no, Mar-ino, Mar-io, Mar-lon, Mar-silio, Mar-te, Mar-tín, Martín-iano, Mar-tino, Nemesia-no, Pilar-ino, Poncia-no, Reina-ldo, Rosa-lino, Rosamundo, Rosa-uro, Salva-dor, Silvia-no, Valeria-no, Victoria-no, Virgilia-no, Virginia-no.
**478.** Pérez + Oso = Perezoso.
**484.** De la letra v.
**488.** La letra "e", que es la letra más común de la lengua inglesa, no aparece ni una sola vez en todo el párrafo.
**494.** Uruguay-Montevideo. También: Bolivia-Sucre, Congo-Brazzaville, Fiyi-Suva, Liechtenstein-Vaduz...

**498.** 888 = DCCCLXXXVIII.
**504.** En todo el párrafo no hay una sola letra a.
Sin embargo, aparecen todas las otras letras del abecedario.
**508.** Lope. Su contrario es antílope.
**514.** Trasplante de piel, en italiano.
**518.** La E. Es la primera de ENERO.
**524.** Carmen.
**528.** No es oro todo lo que reluce ni harina lo que blanquea.
**534.**

**538.** Los aguacates. Le gustan todas las cosas que comiencen con una preposición.
**544.** Intríngulis.
**548.** Un re-mi-en-do.
**554.** Si Vd. quita las letras que forman UN ANIMAL, (la U, La N, la A, etc.) le queda MURCIÉLAGO. Pero si quita las letras de MURCIÉLAGO no le queda otro animal, sino UN ANIMAL.
Casi una paradoja.
**558.** Mario se quiere casar.
**564.** En el mil. Thousand = 1.000. Aparece la primera en 101 = Hundred and one, pero es en la conjunción.
**568.** La letra S. La secuencia es: Primero, Segundo, Tercero, Cuarto, Quinto, Sexto.
**574.** Soy una sílaba.
**578.** "To be or not to be, that is the question.
**584.** Reconocer, soldadlos, saldadlas, sometemos... (9 letras).

> Verbo por todos conocido
> por ser fácil de conocer,
> que si es al derecho leído
> dice lo mismo que al revés.

**588.** ¡Es falso! La oración contraria: *"Esta frase no consta de siete palabras"*, está formada exactamente por siete palabras.
**594.** Ayer, hoy y mañana.
**598.** Cuando el preguntado tarde en encontrarla, se le debe animar diciendo que la solución es difícil, o mejor dificilísima.
Como todavía seguirá buscando, dígale que es dificilísima subrayado, o "dificilísima" entre comillas.

Claro, también valen como soluciones: Disciplinadísimo, divisibilidad, insignificancia, inteligibilidad...

**604.** Se trata de las iniciales de los primeros números naturales en francés: un, deux, trois, quatre, cinc, six, sept, huit, neuf.
La letra siguiente es d (dix).

**608.** Esdrújula.

**614.** Es un palíndromo.

**618.** CVLO.

**624.** Su nombre contiene las cinco vocales.
Los actores españoles Juan Diego y Luisa Merlo también tienen en su nombre las cinco vocales.
También: Julio César, Martin Lutero, Rubén Darío...

**628.** Es un palíndromo.

**634.** AVARAS. Entre la primera y la última letra hay una VARA.

**638.** JAMÁS.

**644.** Cien al cubo = 1.000.000.
Tres mil al cubo = 27.000.000.000.
Dos más equis (2+x) para cualquier valor de x.

**648.** No hace falta *transgredir* las reglas de ortografía ni ser un buen *constructor* ni *abstraerse* pensando, para *construir* una palabra que contenga cuatro consonantes seguidas. *Transplantar, substraer, abstraer, abstracto*, etc.
Si le parece que existen pocas, aquí le muestro una lista de 164:
Abstracción, abstracta, abstractiva, abstractivo, abstracto, abstraer, abstraída, abstraído, abstrusa, abstruso, adscribir, adscripción, adscripta, adscripto, adscrita, adscrito, adstrato, adstricción, adstringente, adstringir, ángstrom, angstromio, circunscribir, circunscripción, circunscripta, circunscripto, circunscrita, circunscrito, conscripción, conscripto, constreñimiento, constreñir, constricción, constrictiva, constrictivo, constrictor, constrictora, constrictura, constringente, constringir, constriñimiento, constriñir, construcción, constructiva, constructivismo, constructivo, constructor, constructora, construir, demonstrable, demonstración, demonstrador, demonstradora, demonstramiento, demonstrar, desobstrucción, desobstruir, gángster, imperscrutable, incircunscripta, incircunscripto, incircunscrita, incircunscrito, inconstruible, inscribible, inscribir, inscripción, inscripta, inscripto, inscrita, inscrito, inscrutable, instridente, instrucción, instructa, instructiva, instructivamente, instructivo, instructo, instructor, instructora, instruida, instruido, instruidor, instruidora, instruir, instrumentación, instrumental, instrumentalmente, instrumentar, instrumentista, instrumento, instruta, instruto, landgrave, landgraviato, menstrua, menstruación, menstrual, menstrualmente,

menstruante, menstruar, menstruo, menstruosa, menstruoso, monstro, monstruo, monstruosa, monstruosamente, monstruosidad, monstruoso, obstrucción, obstruccionismo, obstruccionista, obstructor, obstructora, obstruir, pechblenda, premonstratense, reconstrucción, reconstructiva, reconstructivo, reconstruir, sánscrita, sanscritista, sánscrito, subscribir, subscripción, subscripta, subscripto, subscriptor, subscriptora, subscrita, subscrito, subscritor, subscritora, substracción, substractiva, substractivo, substraendo, substraer, substrato, transcribir, transcripción, transcripta, transcripto, transcriptor, transcriptora, transcrita, transcrito, transflor, transflorar, transflorear, transfregar, transfretana, transfretano, transfretar, transgredir, transgresión, transgresiva, transgresivo, transgresor, transgresora, tungsteno.

**654.** Breve.
**658.** Ocho – Uno – Dos – Tres – Nueve – Seis – Cinco – Siete - Cuatro. Hay más soluciones.
**664.** La X. Son las letras que se usan en los números romanos.
**668.** NOVENO, NOVENA.
**674.** Elena Benarroches y los visones.

- Franco y el Azor.
- Sito Miñanco y los camellos.
- Platero y yo.

Corcuera y los gorilas.
José Mallorquí y el coyote.
Félix y el gato.

**678.** Manolete está tomando café.
La letra "e" aparece dos veces en su nombre, como hace en los nombres de los que están tomando café.
**684.** **Leve** es lo contrario de **grave** en medicina.
**Agudo** es lo contrario de **grave** en música.
**Leve** es lo contrario de **agudo** en cirugía.
**688.** La i por una u y así obtener CUERVO.
**694.** De ninguna de esas formas. El segundo milenio comenzó el 1 de enero del año 1001.
**698.** Pelaje. Cada palabra de la frase tiene una letra más que la anterior, y la que le falta debe tener seis letras.
**704.** La G y la U. Están en el centro del A**GU**A.
**708.** Doce.
**714.** El mar de Mármara.
**718.** INCORRECTAMENTE. Esta charada nos pilla desprevenidos, porque pensamos que la palabra actúa como adverbio que modifica el verbo "escribir", en lugar de pensar en la palabra en sí misma.
En semántica moderna las cuestiones relativas a palabras o frases se formulan en lo que se llama un "metalenguaje" del lenguaje "objeto" al que pertenezcan. Para distinguir un lenguaje de otro, es costumbre en-

trecomillar los enunciados o frases del lenguaje objeto. Por ejemplo, de haber escrito "incorrectamente" entre comillas, la pregunta hubiera resultado mucho menos ambigua. Es frecuente que se produzcan confusiones si no se acierta a distinguir ambos niveles de lenguaje. He aquí un par de frases que pueden servir de ilustración: No-sé-cómo se llama mi perro. ¿El matemático chino? ¿Kuan-do va a venir?

**724.** Accesorios. Tiene dos letras repetidas juntas.
**728.** Una letra más.
**734.** AGUA. Tiene dos letras repetidas separadas.
**738.** En realidad, las yemas son amarillas.
**744.** a) Camareros: está formada por cama y eros. b) Camaroneros: está formada por *cama*, *ron* y *eros*. Además el consumo de camarones dicen que es afrodisíaco. *(Rodrigo Pacheco Castillo - México)*
**748.** Ni lo uno ni lo otro, "el 2º día de la semana es el lunes".
**754.** La letra n.
**758.** Es totalmente cierto. El número romano CUATRO (IV) está en el centro de la palabra cinco en inglés: F(IV)E.
**764.** Villanías.
**768.** La A y la D. Están en el centro de la LAV**AD**ORA.
**774.** La letra e.
**778.** Veintiuno. Veintiún trillones.
**784.** RENAULT anagrama de NEUTRAL.
**788.** Acarambanada.
**794.** TU - Y.
**798.** Abajo suscrito. Acceso de entrada. Accidente fortuito. Antecedente previo. Arsenal de armas. Asomarse al exterior. Aterido de frío. Beber líquidos. Bella idiota (Según un profesor de lengua). Bifurcación en dos direcciones. Cállate la boca. Ciego que no ve. Colaborar juntos. Colofón final. Cómete la comida. Completamente abarrotado. Conclusión final. Crespón negro. Deambular sin rumbo. Desenlace final. Divisa extranjera. Doblar a muerto. Ejemplo paradigmático. El más mayor. Erario público. Estafeta de Correos. Estrella brillante. Falso pretexto. Hecho real. Historia del pasado. Insistir reiteradamente. Invento nuevo. Lo vi con mis propios ojos. Macedonia de frutas. Matemático despistado. Máximo clímax. Mendrugo de pan. Métete adentro. Miel de abeja. Negra noche. Nexo de unión. Obsequio gratuito. Optimizar al máximo. Paradigma ejemplar. Pared divisoria. Parte integrante. Partitura musical. Peluca postiza. Piedra rocosa. Pleno consenso. Primer prototipo. Protagonista principal. Quimera imaginaria. Regalo gratuito. Repetir de nuevo. Sonrisa en los labios. Subir para arriba. Supuesto hipotético. Testigo presencial. Te vuelvo a repetir. Tiritar de frío. Túnel

subterráneo. Valorar positivamente. Vigente en la actualidad. Virgen casta. Volar por el aire. Volver a reiterar.

**804.** ESTOY DENTRO. Hay tendencia a pensar que lo contrario de "no estoy dentro" es "estoy fuera", pero claro, lo contrario es "no-no-estoy dentro" que significa justamente "estoy dentro". En sentido lógico estricto, dos negaciones consecutivas producen una afirmación, lo mismo que al multiplicar dos números negativos resulta uno positivo. En lógica formal, la regla es que cualquier número par de negaciones equivale a una afirmación, y un número impar, a una negación.

**808.** En el número 1 de la revista Cacumen (febrero de 1983), se animaba a los lectores a enviar palabras panvocálicas a la redacción de la revista para engrosar la colección. Un lector, Juan Plaza Martín, envió en abril la siguiente historia:

*(Dialogantes: Doña **Eulogia**, don **Aurelio** y don **Manuelito**)*
*Doña Eulogia:* **Dulzaineros** días, don **Aurelio**.
*Don Aurelio:* **Lucharniegos** los tenga usted. **Putrefacción Euboica**.
*Doña Eulogia:* ¡Huy! ¿Qué **bufonería**! Poco **eucrático** y falto de **euforia** le veo hoy **abuelillo**, a pesar de estar tan bien **guarnecido** en su **buñolería** con sus **auténticos** buñuelos con **agujeritos**. Tenga usted **eubolia**. ¡Por favor! **Dialogue** como es debido y **cultiparlemos**.
*Don Aurelio:* No me sea **quiróptera**, señora suya, pero perdóneme, doña Eulogínina, es que he mandado a mis **aguileños** nietos a por **eucaliptos** y a la **turronería** de **Fuengirola** y se han ido con el **zurrapiento** hijo del **buscapleitos guitarrero**, llevándose mi **aurífero amuletito** y el **burielado pulverizador guadijeño** de perfume canino de la **cuellicorta** perra de mi esposa, que estaba jugando con el **cuentahilos** de la alfombra.
*Doña Eulogia:* ¡Malditos **cuatrerillos**!
*Don Aurelio:* ¿Cómo dice usted?
*Doña Eulogia:* No, nada; que no se debe usted **sugestionar**. Su estado de salud es harto **quebradizo** y los servicios **funerarios** están por las nubes.
*Don Aurelio:* ¡Qué **quijotesca** es Vd., amiga mía!
*Doña Eulogia:* ¡Cálmese, hombre! **Acudiremos** de modo **subitáneo** al **cuartelillo** y **aduciremos** las razones para la denuncia de esos **cultivadores** del hurto. (Pausa) Usted ya sabe que no me gusta **curiosear**, pero, ¿qué más le han quitado? ¡Diga, diga!
*Don Aurelio:* Pues, el **muestrario** de bombones de licor, una **duodécima** parte de mis ahorros y cinco u ocho cosas más que tenía anotadas en el **cuadernillo cuadriforme** con la **numeración** de los objetos que me van desapareciendo.
*Doña Eulogia:* Bueno, bueno, don Aurelín. Vamos a ver al **cuellilargo** comisario y **aludiremos** la **sublevación** de esos pillos. Le tendrán que

**subvencionar** o hacer una **cuestación** a su beneficio.
*Don Aurelio:* Vamos, pero le hallaremos hablando con el médico de **curanderismo**, **tuberosidad**, veterinaria y **cuakerismo**. ¡Me gustaría oírlos por un **agujerito**!
*Doña Eulogia:* ¡Pam! ¡Pam! ¿Se puede, don **Manuelito**?
*Don Aurelio:* ¡Ay! ¡Ay! ¡Ay!
*Don Manuelito:* ¡Hasta adelante, rápido! Deme la lista de la **vulneración** de esos **rufianeros** con **aguijones** que no merecen **manutención** ni **sucesoría**. Ustedes ya **cumplimentaron**. Yo les daré **sustentación** y **tumefacción**. Se pueden marchar. ¡Andando y **gerundiando**, que es gerundio y panvocálica!
*Don Aurelio:* ¡Hasta mañana!
*Doña Eulogia:* ¡Eso!
En la web: http://www.carbajo.net/panvocal.html se encuentra la mayor colección de panvocálicas españolas que yo conozco.
814. Dadivosidad. Ionización.
818. Estoy satisfecho de que Jorge trate de seducir a mi mujer pero no estoy contento en absoluto.
824. Desentenebrecerse.
828. Ca-mi-la.
834. La letra "c".
838. Micaela.
844. LOUNGER. Se convierte en LONGER.
848. Sábado.
854. La copia de su **cuñado** decía: «Yo dejo mis bienes: a mi hijo no, a mi sobrino tampoco, nunca se pagará la cuenta del sastre, no dejo mis bienes a mi esposa no, a mi cuñado». Que mis deseos sean órdenes. Facundo Fonseca.
858. UNA NUEVA FRASE.
864. La letra que completa la serie es la "S". Cada letra de la serie, es la primera letra de cada palabra de la pregunta.
868. ROLDAN.
874. ¿Pero todos?
878. (Lima - limón), (Corona - coronilla), (Benditas - vendas), (Bono - bonito), (Tramo - tramito), (Ambos - ámbitos), (Taza - tácita), (Bomba-bombón), (Cazo-cazón), (Paso-pasillo), (Capa-capilla-capón), (Horca-horquilla), (Gato-gatillo)...
884. Septiembre.
888. N y T. Son las dos próximas letras en el orden alfabético que están escritas usando solo trazos rectos.
894. In-de-pen-dien-te.

J. E. M.   -   Solo LENGUAJE (1 y 2)

**898.** Mal.
**904.** Paso, peso, piso, poso, puso.
También: Daré. Futuro simple. Dore. Presente de subjuntivo. Doró. Pretérito indefinido. Dora. Imperativo. Dura. Presente de indicativo.
**908.** ¿Quién, yo?
**914.** Paupérrimo, pauperismo, exudación, putrefacción, desahucio...
**918.** Es la definición más aceptada de "inteligencia".
**924.** La letra e.
**928.** Fuengirola.
**934.** Matrimonio consumado - Matrimonio consumido.
**938.** La letra P. Porque, de acuerdo con el refrán "No está muerto quien pe...lea".
**944.** Agregando, por ejemplo, "ning" se obtiene "ninguno".
**948.** Quintín, Ben, Edith, Enid, Eyén, Fe, Febe, Guy, Hebe, Huenu, Inti, Judith, Kenet, Kevin, Medín, Nefutuin, Nehuén, Neyén, Nieve, Nube, Pehuén, Piuque, Puy, Quiney, Zebenzui, Pepe, Pepín.
De una lista en una página en inglés de nombres populares, estos son los que sobrevivieron: Ben, Bennett, Betty, Demi, Denim, Devin, Dixie, Duke, Eddie, Eden, Edith, Edmund, Edwin, Emmett, Emmy, Eugene, Eve, Ewing, Finn, Genevieve, Guy, Gwen, Heidi, Hugh, Ivy, Jenny, Jett, Jimmy, Jinx, Jude, Judith, June, Keefe, Keith, Kenneth, Kenny, Kenzio, Kevin, King, Knute, Mekhi, Mike, Ming, Penny, Quentin, Quinn, Quintin, Ty, Vivienne, Wendy, Whitney, Zeke,
**954.** Edad.
**958.** Antonio es amurrionés, Gaudioso es guisandero y Teófilo es tudelillano. Los tres son gentilicios pentavocálicos.
**964.** La letra A (ayer tiene una, ahora tiene dos, y mañana tiene tres).
**968.** Azahara, Amaranta, Dayanara...
**974.** Almería: urcitanos. Canarias: guanches. Guadalajara: caracenses. Jaén: aurcitanos o jienenses. Calatayud: bilbilitanos. Cabra: egabrenses. Huelva: onubenses. Ávila: abulenses. Moscú (hasta 1991): rojos.
**978.** Contiene todas las letras del alfabeto.
**984.** L-una, C-una, D-una, T-una, Una-s, A-una, R-una, etc.
**988.** a) Verdadera. La palabra "Cáceres" empieza por C. La palabra "termina" empieza por t. b) Verdadera. "Valencia" se escribe con v. "Sin embargo" se escribe con b.
**994.** JASOND son las iniciales de los seis últimos meses del año.
**998.** En casa del herrero cuchillo de palo.
**1004.** La primera asiente: SI. La segunda niega: NO. La solución de esta charada es el SINO.
**1008.** Al llegar los invitados: "Por fin". Al irse: "¿Ya?"

J. E. M. - Solo LENGUAJE (1 y 2)

Debe tener cuidado para no intercambiarlas.
**1014.** Enterados. Le quitamos "dos" queda "entera".
Noveno. Le quitamos la v y la e queda "nono" que sigue significando lo mismo.
**1018.** O, Casio y Nicasio. Sisinio. Unai.
**1024.** No va a cambiar de idea.
**1028.** Javier, Pablo, Josué, Saúl, Matías, David, Óscar, Judas, Lucas, Aarón, Moisés, Efrén, Dimas...
**1034.** Ana, Rosa, Laura, Sofía, Lilia, Lidia, Susana, Flavia, Cristina, Beatriz, Cleo, Diana, Flor, Inés, Lisa, Mar, Nuria, Paz, Ruth, Soledad, Trinidad, Vanesa, Almudena...
**1038.**

| AN | G | EL |
|----|---|----|
| EL | I | SA |
| MA | B | EL |
| BEL| E | N  |

**1044.** Cloro, Boro.
**1048.** Murciélago (10 letras). Contribuyes (11 letras). Tirabuzones (11 letras). Centrifugados (13 letras). Centrifugadlos (14 letras). Vislumbrándote (14 letras). Hiperblanduzcos (15 letras).

**1054.** $\pi = \dfrac{XXII}{VII}$.

**1058.** Nadaré donde la Rosarito nada.
Nada-redondel-aros-arito-nada.
**1064.** Confianza - Con fianza.

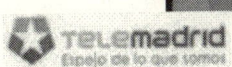 

**1068.** La letra a.
**1074.** Arturo tenía razón. **G**eneralmente se escribe con "G".
**1078.** Utilizando un espejo:

Otro ejemplo parecido diseñado por Nagfa.

### J. E. M. - Solo LENGUAJE (1 y 2)
### (Estúpido o listo) - (STUPID/CLEVER)

**1084.** La "e". La segunda es la "p". La tercera es la "r"... Del mismo modo, la primera en estudiar es la "e" y la última es la "r".
**1088.** Dos minutos. Un minuto para entrar en el túnel, un minuto para salir.
**1094.** El Pi-suerga.
**1104.** 11 - Ocho más tres. Quinto primo 11.
12 - Tres más nueve.
13 - Un diez y un tres. Después de doce.
14 - El doble de siete. Setenta quintos.
15 - Y es la niña bonita. Son tres por cinco.
16 - Cuatro al cuadrado.
17 - Una docena más cinco. Trece y dos y uno y uno.
18 - Seis más seis más seis. Veintiuno menos tres.
19 - Diecinueve menos cero. Mitad de treinta y ocho.
20 - Dos por diez y da clavado. Raíz 2 de cuatrocientos.
**1108.** El gato, que es gato y araña. También vale la zorra porque es zorra y además cobra.
**1114.** Escriba con ellos la palabra NUEVE.
**1118.**

**1124.**

**1128.**

**1134.**

Gato obra de María Calderón:

J. E. M.   -   Solo LENGUAJE (1 y 2)

Cocodrilo obra de Heber Barcinilla:

Un original mosquito:

Crow (cuervo):    Jirafa:

**1138.**

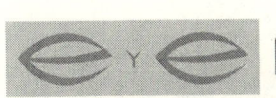   

agujero  duda   [orchete  ?regunta

exclamación   Exclamación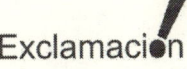

 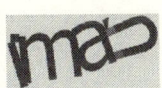 

**1144.** Pau Gasol.
**1148.** 1º) O-M-E-F-U-V. 2º) S-G-C-I-T-Y. 3º) A-D-L-P-N-R.
**1154.** Ponga una F en _ para formar una E.

J. E. M. - Solo LENGUAJE (1 y 2)

**1158.** CAMPANADA = PALMADA, CAMA = PALMA ⇒ PANAD = AD ⇒ PAN=0. El pan es gratuito.

**1164.** Simeón. Seguía la escala de las notas musicales: do, re, mi, fa, sol, la, si.

**1168.**

| RICAR | DO |
|-------|-------|
| DO | MINGO |
| LU | IS |
| IS | MAEL |

Construya Vd. algunos acertijos similares utilizando algunos de los siguientes nombres:
ANDRÉS - SÁTUR - PEDRO - ELVIRA - GONZALO - ALBERTO - MARTA - TEÓFILO - CASTOR - NORBERTO - RUPERTA - SAMUEL - ALFONSO - ESTEBAN - ELISA - ROBERTO - RAQUEL - RODRIGO - TOMÁS - TAMARA - FILOMENA - OROSIA - BENIGNO - SONSOLES.

**1174.** Las palabras ocultas son: Pera, melón, sandía, mango, mora, pasa, zapote, almendra y tuna.

**1178.** Gandhi.

**1184.** No existe. Solamente tiene dos tiempos: nosotros abolimos, vosotros abolís.

**1188.** El catorce. En inglés paradójicamente el primero es eight (ocho) y el último el Zero (cero).

**1194.** Se trata de un pájaro fabricado con las letras de la palabra "PAJARO".

**1198.** La abeja – Zumbido.  El asno - Rebuzno.
El caballo - Relincho.  La cabra - Balido.
El cerdo - Gruñido.  El cuco - Canto.
El cuervo - Graznido.  El elefante - Barrita.
La gallina - Cacareo.  El gato - Maullido.
El león - Rugido.  La paloma - Arrullo.
La pantera - Himpla.  El perro - Ladrido.
El toro - Bramido.

**1204.** Es un palíndromo.

**1208.** Nosequé = Cuadro.

**1214.** a) Es mi cul**PA; SI LLO**ras tienes razón.
b) Al po**CO ME DOR**mí, y soñé con una casa.
c) Había un baoba**B AÑO**so en el baño.
d) Las re**DES VAN** al agua, los pece**S A LA** cocina.

**1218.**
a) A la ocasión la pintan calva.
b) En casa del herrero cuchillo de palo.

c) Más vale pájaro en mano que ciento volando.
d) Dime con quién andas y te diré quién eres.
e) Tanto va el cántaro a la fuente que al final se rompe.

**1224.** Nosequé = Corte.

**1228.** "Esta frase tiene las siguientes vocales: seis a, doce e, seis i, cuatro o y tres u".

**1234.** La letra "a".

**1238.** Joaquín Quijano. Roldán Ladrón. Gracia García. Noel León. Cárol Lorca. Nicolás Colinas. Ramón Morán. Etc.

**1244.** SCHUMAN, SCHUBERT, RAVEL, CHOPIN, OFFENBACH, ELGAR.
La distancia entre Andrés y Daniel es 3 km.

**1248.**
Te contaré en un cantar,
la rueda de la existencia;
pecar, y hacer penitencia,
y luego vuelta a empezar.

**1254.** Aparecen en la siguiente copla:
*El chocolate excelente*
*para que cause placer,*
*cuatro cosas ha de ser;*
*espeso, dulce, caliente*
*y de manos de mujer.*
Decía un apasionado del chocolate:
*"De rodillas se fabrica,*
*juntas las manos se bate,*
*mirando al cielo se toma;*
*¡oh divino chocolate!"*

**1258.** Dijo la verdad.
Negar lo contrario de la veracidad es igual a negar lo que es falso, es decir, afirmar la verdad.
No garantizo que sea insostenible, es decir, se puede sostener.

**1264.** Irlanda.

**1268.** El 40º aniversario de la llegada del hombre a la Luna.

**1274.** La letra o.

**1278.** Bandera no es femenina porque tiene palo.
Gallina no es femenina porque tiene huevos.
Asociación no es femenina porque tiene miembros.
Furgoneta no es femenina porque lleva paquetes.
Matemática es la única femenina porque tiene reglas, demasiados problemas y pocos la entienden.

**1284.** "Y esto decía una **monja**: a los **torpes** que te **jaranan** día y noche,

ámales; a los que no **crean** en ti, quiéreles; a quien **lime** tu honor y mancille tu nombre, estímalo; a quien **merca** con tu desgracia, perdónalo. De los **pecados** de los otros, **aleja** tu mente. Pero a quien te **opia** y te aburre con sus **tacañas** conversaciones, a ese dale un golpe".
Jamón, postre, naranja, carne, miel, crema, pescado, jalea, apio, castaña.
**1288.** Anticonstitucionalmente. Electroencefalografista.
**1294.** La letra y.
**1304.** Hay solución pero no es única. Veamos dos soluciones.
                          Primera solución:
"En este párrafo, el dígito 0 aparece 1 vez,
el dígito 1 aparece 11 veces,
el dígito 2 aparece 2 veces,
el dígito 3 aparece 1 vez,
el dígito 4 aparece 1 vez,
el dígito 5 aparece 1 vez,
el dígito 6 aparece 1 vez,
el dígito 7 aparece 1 vez,
el dígito 8 aparece 1 vez
y el dígito 9 aparece 1 vez".
                          Segunda solución:
"En este párrafo, el dígito 0 aparece 1 vez,
el dígito 1 aparece 7 veces,
el dígito 2 aparece 3 veces,
el dígito 3 aparece 2 veces,
el dígito 4 aparece 1 vez,
el dígito 5 aparece 1 vez,
el dígito 6 aparece 1 vez,
el dígito 7 aparece 2 veces,
el dígito 8 aparece 1 vez
y el dígito 9 aparece 1 vez".
**1308.** Murciélagos. Las palabras van apareciendo con una vocal, con dos, con tres, etc.
**1314.** EMPERADORES. AVAROS.
**1318.** Un boceto de "abeja" con sus letras.

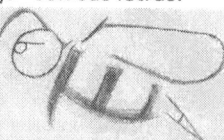

**1324.** La letra 'T' funciona con el río y lo convierte en trío. Funciona con el ajo "tajo", con el oro "toro" y con la rampa "trampa".

**1328.** A la letra r.
**1334.** *Statu quo:* Estado de cosas es un determinado momento.
*Quid:* Razón o punto esencial de algo.
*Urbi et orbi:* A la ciudad y al mundo. Por extensión, a todo el mundo.
*Sine qua non:* Necesario de modo absoluto, para que algo pueda cumplirse.
*Quid pro quod:* Una cosa por otra.
*Per cápita:* Por persona, por cabeza o individualmente.
*In memoriam:* En recuerdo, a la memoria de.
*Ad líbitum:* Libremente, a voluntad, a gusto.
*Motu propio:* Por iniciativa propia.
*In voce:* De palabra, de viva voz.
**1338.** El diccionario.
**1344.** Abajo. Arriba van las letras que tienen alguna parte curva.
**1348.** Arriba van las letras que tienen eje de simetría vertical.
**1354.** Abajo van las letras que tienen eje de simetría horizontal.
**1358.** Arriba están las letras sin ojos. En el centro las letras con un ojo. Abajo la única letra que tiene dos ojos.
**1364.** Cuando están escritas en minúsculas:
Las del grupo 1: Todos sus rasgos permanecen entre la línea base y la línea media.
Las del grupo 2: Tienen rasgos por encima de la línea media.
Las del grupo 3: Tienen rasgos por debajo de la línea base.
Las del grupo 4: Llevan un punto encima de la línea media.
Luego: W, X, y Z entran en el grupo 1. Y entra en el grupo 3.
**1368.** Es un palíndromo.
**1374.** VELAS.
**1378.** *La mujer al butanero*: "Métemela detrás de la puerta que mi marido me la meterá más adentro".
**1384.** La opción c).
**1388.** "Anita ama a Tina".
**1394.** Alerón es más pequeño en principio que un ala o un alero. Paredón es más pequeño que una pared. El pollo de perdiz: se llama perdigón. A las primeras plumas de los polluelos se les llama plumón. Embrión es un organismo pluricelular en etapa de desarrollo. Sección, generalmente viene a ser una de las partes pequeñas en las que se divide un sistema o cualquier cosa. Un matasanos muchas veces cura.
Una mata no mata nada, aunque sea un matojo, sino que suele pasar desapercibida en un matorral. Menos mata un matasuegras. Un matón chulea, pero no acostumbra a asesinar más que los que las matan callando, aunque tome mate, tenga un matamoscas en su casa y cante "en

el fondo del mar, matarile, rile, rile... Todas son ocurrencias a matacaballo para matar el tiempo.
**1398.** LABRADOR – ARADOR. LABRAR – ARAR. CANICHE – CAN. APRESADO – PRESO. QUEBRANTAR - QUEBRAR.
Y un poco con sentido del humor: CAPITALISTA - ITALIA. MONOTEISMO - TIMO. SOCIALISMO – LOCOS. UTILIZAR – UZAR (En Andalucía)
**1404.** Aérea.
**1408.**

   El prudente predis-   PONE
  El químico descom-
 El remendón recom-
El testarudo contra-
     El testigo de-
El vanidoso se ante-
  El viajero se ultra-
    El hombre pro-
      Y Dios dis-

**1414.** Unos cuantos más:
7. Lengua de gato.
8. Cuello de cisne.
9. Pecho de lobo.
10. Corazón de león.
11. Hígado de bacalao.
12. Cintura de avispa.
13. Rabo de lagartija.
14. Huevos de esturión.
15. Muslos de pollo.
16. Patas de gallo.
17. Manitas de cerdo.
18. Piel de asno.
19. Sangre de toro.
20. Lengua viperina. (De víbora)
21. Pies de gato. (Calzado utilizado por los escaladores para tener mayor adherencia)
22. Diente de león. (Una planta)
23. Cabeza de chorlito.
**1418.** Zorra - arroz.
**1424.** *"Porque según la maestra, dos negaciones equivalen a una afirmación"*.
**1428.** MARCO.
**1434.** Además de tener sentido, incluye las vocales en su orden natural.

J. E. M. - Solo LENGUAJE (1 y 2)

**1438.** Alfalfa.
**1444.** Paralelepipédicos, caricaturizábamos. (17 letras). Anatomopatológicos (18 letras)
**1448.** Todas las mañanas, al salir el sol por encima de las montañas, se puede contemplar la más bella aurora.
**1454.** "Buscándose un amigo, señorita".
**1458.** CARRUAJE - VEHÍCULO - CARAVANA.
**1464.** PADECIMIENTO.
**1468.** BUENAVENTURA.
**1474.** Doce letras. Cinco vocales (a,e,i,o,u) y siete consonantes (h,k,l,m,n,p,w).
**1478.**
Castilla, París te ha dado<br>
amorosa, la más cara<br>
muestra. Por tal, a la corte<br>
a tu noble aviso pasa.

**1484.** Ángstrom. El apellido del tenista alemán Philipp Kohlschreiber tiene seis.
**1488.** Con las iniciales de las palabras situadas al principio de cada verso se construye el nombre de Gloria Fuertes.
*(Yolanda Jiménez Rodríguez, de 10 años de edad, alumna de 5º de Primaria del Colegio "Luis de Morales" de Badajoz, España, le dedicó este acróstico a la famosa poetisa)*
**1494.** El número de letras de los números.
**1498.** Pulpito, púlpito.
**1504.** Sara Baras. La hija de un vecino se llama Saira Arias.
**1508.** Razonable, racional, racionado, razonado, razonador...
Centrado, céntrico, central, centrista...
Bueno, bondadoso, bonachón, benigno, benefactor, benevolente, beneficioso, bienhechor, bienhallado, bienvenido, Bonaerense, bonapartista, bienaventurado, buenazo...
**1514.** La T, porque el corazón la-te.
Visualmente, la B mayúscula, porque cubre la mayor parte de la forma de un corazón. Si la giramos 90º a la izquierda y le ponemos un angulito debajo sería un corazón completo.
**1518.** De ninguna de las dos maneras. Se escribe despierto.
**1524.** La jota.
**1528.** Las cuatro palabras son anagramas de nombres de río: TÁMESIS, EBRO, NILO, SEGURA.
**1534.** Cointreau.
**1538.** Aurelio, Eustaquio, Eufrasio, Eufronia, Eustasio, Eulogia, Eulalio,

### J. E. M. - Solo LENGUAJE (1 y 2)

Gaudencio, Gualterio, Laudelino, Laurencio, Laurentino, "Manuelito", "Miguelazo"...
**1544.** El eucalipto. La orquídea...
**1548.** JFK, iniciales del presidente John F. Kennedy.
La secuencia muestra las iniciales de los últimos presidentes de los Estados Unidos: Bush, Clinton, Bush, Reagan, Carter, Ford, Nixon, Johnson, Kennedy.
**1554.** *Con la A:* La mala pasada ata a Ana a la casa. Amar hasta fracasar. Nada abasta a atajar la llama. Las hadas hablan a la cascada, a la amada, a la alada alma. La dama amaba a la gata. La mar salada.
*Con la E:* Clemente, este té es excelente. Veré que verde es el pesebre de Pepe. Desde que empecé el semestre. ¡Eh! Que Tere me debe tres meses.
*Con la I:* ¡Vivid mil brindis! Id, viril Idris: dirigid, insistid, dividid. Difícil lid. Gris fin: dimitid.
*Con la O:* ¿Somos nosotros sosos o somos sólo dos locos? Yo como poco. Otro loco voló solo. ¿Con motor? No, sólo con honor. ¿Somos nosotros sosos? No, somos sólo dos locos.
*Con la U:* Sólo se me ocurre: "Cucudrulu".
**1558.** El verbo cantinflear.
**1564.** La letra Ś.
**1568.** El hábito no hace al monje.
**1574.** Mozambique.
**1578.** La palabra oculta es PÁLIDO.
**1584.** La palabra oculta es BALDE.
**1588.** Ser un buitre - Persona aprovechada.
Ser un gallina - Persona cobarde
Ser un zorro - Persona astuta.
Ser una zorra - Mujer muy promiscua o una prostituta.
Ser un tigre - Persona valerosa.
Ser un toro o estar fuerte como un toro - Persona robusta.
Ser un merluzo o ser un besugo - Persona estúpida.
Ser un pato - Persona torpe y de escasa habilidad física, cuyos andares recuerdan los del palmípedo.
Ser un pavo - Persona insulsa, ingenua y falta de picardía.
Ser un pájaro - Persona de poco fiar.
Ser un gusano - Persona rastrera, vil y despreciable.
Ser una ardilla - Persona rápida y dinámica.
Ser una yegua - Mujer con gran atractivo sexual.
**1594.** Novela.
**1598.** Dátil-dátiles. Dócil-dóciles. Cáliz-cálices. Ángel-ángeles...

J. E. M. - Solo LENGUAJE (1 y 2)

**1604.** Sobre el café:
Caliente – Aromático – Fuerte – Espeso.
**1608.** Huía.
**1614.** La letra O.
**1618.** a) Télex. b) Piedad. c) Vendaval. d) Pabellón. e) Pernera. f) Flocadura. g) Cabotaje. h) Obvio. i) Suroeste.
**1624.** Craioveanu. Jugador de la R. Sociedad, Villarreal, Getafe...
Y todos los que se llamen Aurelio, Eustaquio, Eufrasio, Eustasio, Eulalio, Gaudencio, Gualterio, Laudelino, Laurencio, Laurentino...
**1628.** Óleo y área.
**1634.** La letra A.
**1638.** Le muestro dos ejemplos:
*"Mi pequeño ex-jefe loco gozaba vertiendo whisky"*. (40 letras)
*"Tu jefe gozaba con whisky que exprime de la viña"*. (39 letras)
**1644.** P y Q (por qué). Cada letra es la primera de cada palabra de la oración.
**1648.** OISEAU.
**1654.** Podría seguir: TELAR...
**1658.** Marco Antonio.
**1664.** Chrysler.
**1668.** La letra O.
**1674.** PIMIENTO.
**1678.** Efervescentemente. Desembellecérsele.
**1688.** "Hijo de puta" (con perdón).
**1694....**
**1698.** Alguien reprochó a Todos porque en realidad Nadie hizo lo que hubiera podido hacer Cualquiera.
**1704.** La letra o.
**1708.** Zamarramala. Matalascañas. Guadalajara.
**1714.** No tiene la vocal "a".
**1718.** El coral - Espécimen invertebrado.
La coral - Grupo de personas que cantan a coro.
El cometa - Cuerpo celeste.
La cometa - Juguete.
El cólera - Enfermedad.
La cólera - Ira.
**1724.** La hora es: las tres pasadas. Se juega con el doble significado de *pasada*, como participio verbal y como término coloquial con el significado de suceso increíble, fantástico... Cantar en el escenario con ella *es una pasada*, cenar con ella *es una pasada* y ... con ella es, a falta de un término mejor, otra *pasada*. En total, tres.

J. E. M. - Solo LENGUAJE (1 y 2)

**1734.** La letra e.
**1738.** La letra a.
**1744.** Ajedrez, automovilismo, boxeo, equitación, golf, hockey, montañismo, waterpolo.
**1754.** Recentísimo.
**1758.** El bolígrafo y el papel.
**1764.**

*Ratas de cloaca, de bigotes mojados,*
*babosas henchidas, lagartijas saladas*
*en la mesa de Hugo Trencacolls*
*no encontrareis. Otro manjar mejor*
*en abundancia os llenará el plato.*
*Hugo ¡caray!, ¿es un puerco?*
*No, es un señor.*

**1768.** Mil.
**1774.** La letra u.
**1778.** La letra x.
**1784.** Pensar.
**1788.** Es singular por arriba y plural por abajo.
**1794.** *"Un campesino tenía un perro y la madre. Del campesino era también el padre del perro".*
Solamente un campesino y tres perros.
**1798.** SALGO. Planteado verbalmente a alguien, la respuesta que suele darse es: "entro".
**1804.** ¡Zárágózá!
**1808.** ¡Mandeeeeeeeee!
**1814.** Con las iniciales de las palabras situadas al principio de cada verso se construye el nombre de Sonia. A este tipo de composiciones se denominan "**acrósticos**". En este ejemplo el acróstico es doble, porque también puede leerse Sonia con las letras finales de cada verso.
**1818.** Majadería.
**1824.** Malo - malísimo - una mierda.
**1828.** a) A**na me la**stimó al romper nuestra relación. Alemán. b) Los generales, tras pensarlo mucho, al fi**nal ataca**ron. Catalán. c) La vie**ja pone s**al a todas las comidas. Japonés. d) Al sentir el **roce, us**ted debió reprenderlo. Sueco.
**1834.** Este ba**ú**l es un caos; todo est**á** en **é**l revuelto.
A**ú**n no s**é** si ir**é**.
Quise fre**í**r la carne, mas se acab**ó** el gas.
La ra**í**z de este **á**rbol llega hasta el r**í**o.
Ni aun **é**l plante**ó** bien el problema.

## J. E. M. - Solo LENGUAJE (1 y 2)

Cuando averigüéis la solución pasádmela.
Me gustaría estar solo, encerrado en una celda.
¿Quiénes componéis la orquesta?
¡Cuánto daría por estar allí!
Raúl y Juan rehúsan cuanto les des.
¿Que por qué he hecho eso?; porque sí y nada más.
Hay que disolver quince o dieciséis gramos de azúcar en el té.
César trepó ágilmente por las difíciles paredes de la sierra".

**1838.** La ge-latina.

**1844.** Le muestro otra larga serie:
Acera-cera, amiga-miga, ano-no, anotar-notar, antílope-Lope, antípoda-poda, anuncio-nuncio, asentir-sentir, atea-tea, bípedo-pedo, contrabajo-bajo, contrariada-riada, contrario-río, destino-tino, destronar-tronar, desplazo-plazo, desplomo-plomo, difiero-fiero, dilapidar-lapidar, disloco-loco, dispensar-pensar, disputa-puta, antítesis-tesis, destaco-taco, disgusto-gusto, distinta-tinta, expresa-presa, extravía-vía incesto-cesto, incurro-curro, índice-dice, Inés-es, interesa-Teresa, remar-mar, retratar-tratar...

**1848.** IMAGINATIVAS (12 letras).

**1854.** Le muestro otra larga serie:
Gato-gatillo, látigo-latiguillo, listo-listín, listo-listón, nudo-nudillo, ora-orilla, pardo-pardillo, pasta-pastilla, pesado-pesadilla, remo-remito, renco-rencilla, roda-rodilla, torno-tornillo, tranco-tranquillo, tres-tresillo, tromba-trombón, zancada-zancadilla. bomba-bombilla, bomba-bombín, bono-bonito, canto-cantón, casa-casilla, leo-león, lima-limón, pata-patilla, pera-perilla, rato-ratón...

**1858.** La fobia al número 13.

**1864.**
- ¿Cómo carajo se te ocurrió eso? (La mamá de Pitágoras a su hijo)
- ¿Qué carajo me habéis dado a beber? (Sócrates)
- ¡Que calor, carajo! (Juana de Arco)
- ¿Cómo carajo querrá que pinte el techo? (Miguel Ángel)
- ¿De dónde carajo salieron estos indios? (General Custer)
- ¡Qué carajo! Cogeremos el avión. (Carlos Gardel)
- ¡Y qué carajo le puede pasar a este barco! (Un pasajero del Titanic)
- ¿Cómo carajo van a entender esto? (Einstein)
- Venga, Mónica ¿Quién carajo se va a enterar? (Bill Clinton)

**1868.** El diccionario. La guía de teléfonos...

**1874.** Es un pangrama. Contiene todas las letras del abecedario. Son utilizados por los linotipistas en las pruebas de impresión de los distin-

tos tipos de fuentes (tipos de letras) para poder ver en la misma frase todas las letras del abecedario. A continuación otros dos ejemplos:
- «Es extraño mojar queso en la cerveza o probar whisky de garrafa»
- «El cadáver de Wamba, rey godo de España, fue exhumado y trasladado en una caja de zinc que pesó un kilo»

**1878.** La palabra "corta" al añadirle "ísim" se convierte en "cortísima".
**1884.** En ninguno. Es un lenguaje de programación.
**1888.** SUPERAMORTIGUAMIENTO.
**1894.** Soberbio, altanero, chuleta...
**1898.** PARACAÍDAS.
**1914.** La respuesta es 2. El criterio es el número de vocales que tiene la palabra que indica el número de monedas.
UNA = 2 vocales. DOS = 1 vocal. TRES = 1 vocal.
CUATRO = 3 vocales.     CINCO = 2 vocales.
**1918.** VIOLA.
**1924.** LECHUGA.
**1928.** ABECEDARIO (ABCDE-5 letras),
ESTUVIERON (RSTUV-5 letras)
**1934.** El 58. ¿Cuál es el siguiente?
**1938.** P. Es la línea superior de un teclado.
**1944.** N y T. Son las dos próximas letras en el orden alfabético que están escritas usando sólo trazos rectos.
**1948.** La letra o.
**1954.** Con 4 íes: Pitiminí, una clase de rosa.
Con 5 íes: Divisibilidad, dificilísimo...
Con 6 íes: Indivisibilidad...
Con 4 oes: Horroroso, ortodoxo, homólogo...
Con 5 oes: Odontólogo. Zolocotroco, que es la fuerte aspiración que hacen en la nariz los muchachos para que vuelva a internarse en ella el moco asonante.
Con 6 oes: Otorrinolaringólogo.
Con 7 oes: Odontoestomatológicos.
**1958.** Honrado.
**1964.**
- Barbar: Echar raíces.
- Cancán: Danza frívola y muy movida.
- Chachachá: Baile moderno de origen cubano.
- Chipichipi: Coquina, molusco.
- Colicoli: Especie de tábano muy molesto.
- Corocoro: Ave zancuda de vistoso plumaje.
- Dividivi: Árbol de América Central y de Venezuela.

J. E. M. - Solo LENGUAJE (1 y 2)

- Enarenar: Cubrir de arena una superficie.
- Gorigori: Canto lúgubre de los entierros.
- Grisgrís: Especie de amuleto.
- Guagua: Cosa baladí.
- Picapica: Polvos vegetales que causan una gran comezón.
- Quelenquelén: Planta medicinal.
- Quinaquina: Corteza del quino (árbol americano).
- Teruteru: Ave zancuda.
- Tintín: Sonido de la esquila o campanilla al recibir un ligero choque.
- Trastrás: en algunos juegos infantiles, el penúltimo.
- Tuntún: Al buen tuntún, sin cálculo, sin conocimiento.
- Viravira: Planta herbácea.

**1968.** Aquí tiene otro ejemplo.

```
C A S E R A
A M A B A N
S A L A M I
E B A N O S
R A M O N A
A N I S A R
```

**1974.**

| DIOS<br>Creador del universo y cuya divinidad se transmitió a su hijo varón por línea paterna | DIOSA<br>Ser mitológico de culturas supersticiosas, obsoletas y olvidadas |
|---|---|
| HEROE<br>Ídolo | HEROÍNA<br>Droga |
| ATREVIDO<br>Osado, valiente | ATREVIDA<br>Insolente, mal educada |
| SOLTERO<br>Codiciado, inteligente, hábil | SOLTERA<br>Quedada, lenta, ya se le fue el tren |
| SUEGRO:<br>Padre político | SUEGRA<br>Bruja, metiche... |
| MACHISTA<br>Hombre macho | FEMINISTA<br>Lesbiana |
| DON JUAN<br>Hombre en todo su sentido | DOÑA JUANA<br>La mujer de la limpieza |
| PATRIMONIO<br>Conjunto de bienes | MATRIMONIO<br>Conjunto de males |

**1978.** RINOCERONTES – HIPOPÓTAMOS – SERPIENTES – IGUANAS – COCODRILOS.

**1984.** La B. El 1 y el 3 se sueldan para dar la B.

J. E. M.   -   Solo LENGUAJE (1 y 2)

**1988.** Es un texto realizado con anagramas. Los anagramas son palabras o frases obtenidas mediante la transposición de las letras de otra palabra o frase. En el texto que nos ocupa se utilizan varias parejas de palabras anagramadas como por ejemplo: aberración-carabinero, acontecido-anecdótico, sainetesco-anestésico, souvenir-universo, prefacio-profecía, emocionar-camionero, pavoroso-vaporoso, pánico-copian, belicoso-Obelisco, apolítico-Capitolio, anárquico-acoquinar, camión-camino...
**1994.** La palabra "fatal".
**1998.** Es un abecegrama. Frase cuyas letras se disponen en orden alfabético. Es decir, la primera palabra de la frase comienza con "a", la segunda con "b", la tercera con "c" y así sucesivamente hasta la última palabra que comenzará por "z".

J. E. M. - Solo LENGUAJE (1 y 2)

## Las siguientes soluciones (de la 2004 a la 3398) corresponden a la PARTE 2.

**2004.** La letra a.
**2008.** La letra l.
**2014.** Putero – Informándose – Ladrón – Doctor – Marica – Alérgico – Tonto con suerte – Mecánico – Denunciante - Ejecutivo con estrés - Baja médica.
**2024.** El diccionario.
**2034.** Le dijeron que tenía que tener como mínimo 5 caracteres.
**2038.** La letra e: Ab**e**cedario.
**2044.** En su nombre están las cinco vocales y una repetida.
**2054.** "Inoportuna", "Inadecuado/a".
**2058.** CUATRO + ONCE.
**2064.** TRES + DOCE.
**2068.** Sí. Quitando la "h": "Yo aré lo que pude".
**2074.** Siesta (el nueve es como un seis al revés, es decir, "sies"). Doblegar. Chocolate. No hay dos sin tres.
**2078.**
¿No es cierto,
ángel de amor,
que en esta apartada orilla
más pura la luna brilla
y se respira mejor?
*(Zorrilla: Don Juan Tenorio)*
**2084.** W, X y Z entran en el grupo 1. Y en el grupo 3.
Cuando están escritas en minúsculas:
1. Las letras están entre la línea media y la línea base.
2. Las letras superan la línea media.
3. Las letras pasan hacia abajo la línea base.
4. Las letras contienen un punto sobre la línea media.
    a c e m n o r s u v w x z
    b d f h k l t
    g p q y
    i j
**2088.** Girando 180º la frase, se lee: "un pez nada en su sopa".
**2098.** La P. Todas riman.
**2104.** J, A, S, O, N, D. Son las primeras letras de cada mes.
**2114.** La serie está compuesta por las letras mayúsculas alfabéticas, cortadas por la mitad horizontalmente y superponiendo la parte inferior a la superior.

**J. E. M.   -   Solo LENGUAJE (1 y 2)**

**2118.** RATÓN.
**2124.** Aquí van algunas: ASOMABAMOS, BACINICA, BANANA, BATATA, BATUTA, CATARATA, DESATASE, MERECERE, PACIFICA, REVIVE.
Pensando en alimentos, cumplen con la primera forma de antípodas: pera, maní, sopa, puré, berro... Y con la segunda forma: banana, coco, papa, patata, batata, pororó, kiwi, pollo...
**2128.** MORADO.
**2138.** "Cuál" es una palabra de 4 letras, "que" tiene 3, "aunque" se escribe con 6, "mientras" tiene 8, "raramente" se escribe con 9 y "nunca" se escribe con 5.
**2144.** La D, de "Dieciséis".
**2168.** *Statu quo:* Estado de cosas es un determinado momento.
*Quid:* Razón o punto esencial de algo.
*Urbi et orbi:* A la ciudad y al mundo. Por extensión, a todo el mundo.
*Sine qua non:* Necesario de modo absoluto, para que algo pueda cumplirse.
*Quid pro quod:* Una cosa por otra.
*Per cápita:* Por persona, por cabeza o individualmente.
*In memoriam:* En recuerdo, a la memoria de.
*Ad líbitum:* Libremente, a voluntad, a gusto.
*Motu propio:* Por iniciativa propia.
*In voce:* De palabra, de viva voz.
**2178.** El 40º aniversario de la llegada del hombre a la Luna.
**2188.** ¡Socorro! en España. ¡Socorró! en México y ¡Sócorro! en Argentina.
**2198.** La H. Todas las letras de la serie, divididas por la mitad horizontalmente, producen dos trozos exactamente iguales que se pueden superponer girando cualquiera de ellos 180 grados.
**2208.** Fufurufo.
**2218.** a) BARRA. b) METRO.

**2224.** Es un acróstico de la revista "EL PROMOTOR".
**2228.** Griego. La primera palabra contiene dos aes, la segunda dos bes, etc.
**2234.** El violoncelo, el contrabajo, la mandolina, el clarinete, la pandereta y el triángulo.
**2238.** El número "MIL".
**2244.** En que ambos están justo en la mitad del día.
**2248.** Uso la mente (U solamente).
**2254.** Es la palabra más larga (9 letras), con sólo dos sílabas.
**2258.** Es la última palabra del diccionario del revés, donde se ordena alfabéticamente desde la última letra.

**2264.** En orden inverso: SUDORÍFERA. SUROCCIDENTAL. En el otro orden no conozco ninguna.

**2268.** Se teclea sólo con la mano izquierda, con las teclas en línea y perfectamente ordenadas de izquierda a derecha.

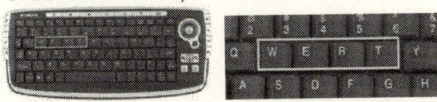

El cantante YUI y el médico y botánico Christoph Jajov TREW tienen la misma característica pero con las letras en orden inverso.

**2274.** Contiene cuatro letras consecutivas del alfabeto, en orden: STUV.

**2278.** Son términos del alfabeto fonético internacional, utilizado en comunicaciones, que permite deletrear palabras asignando a cada letra un término fácilmente identificable que evite las confusiones por una comunicación poco clara.

El alfabeto original es: Alfa, Bravo, Charlie, Delta, Eco, Foxtrot, Golf, Hotel, Julliet, Kilo, Lima, Mike, Novembre, Oscar, Papa, Quebec, Romeo, Sierra, Tango, Uniform, Victor, Xray, Yankee y Zulu.

**2284.** Matilde.

**2288.** El profesor corrige a Juan, es decir, Juan había dado otra respuesta y la correcta era la de "Bravo".

**2294.** ARTE. En singular es masculino (arte moderno, arte abstracto). En plural es femenino (artes plásticas, malas artes).

**2298.** Con la F quedará PERCEBE.

**2304.** Lima.

**2308.** Ferrocarrilero.

**2314.** Zamora.

**2318.** Yo (1ª persona), ella (3ª persona) y tú (2ª persona) (en cualquier verbo).

**2324.** CIRUJANO. GRANADERO. MARATONISTA. ASTRÓNOMO. ECONOMISTA. GRANADERO: Soldado de infantería armado con granadas de mano.

**2328.** En todo el párrafo no hay ni una sola letra e.

**2354.** Tienen sentido si leemos los signos de puntuación. Hemos de leer punto, coma y punto y coma.

**2358.** Son palabras que leídas al revés dan nombres de animales: res, león, ratón y zorra.

**2364.** No es Gerona ni La Coruña ni Almería ni Palma de Mallorca ni Las Palmas. Es Santa Cruz de Tenerife.

**2368.** Las letras "c" y "t".

**2374.** Por fas o por **nefas**. A **troche** y moche.

**2378.** Una joven quedó repentinamente embarazada, y para ocultar el hecho, durante los primeros meses de hinchazón de barriga, su familia decía "que era un gas". Así, cuando nació el niño, le llamaron "Helio".
El rey Luis XIII tenía problemas en engendrar un heredero. Cuando nació el futuro Luis XIV, uno de los nombres con que fue bautizado fue Diosdado, como para decir que esta vez se le hizo el milagro.
Un nombre curioso y que en este caso presenta una contradicción sería el de "Yocasta".
Curioso el nombre que le ha puesto David Bisbal a su hija, "Ella".
Un nombre muy posesivo sería "Mía".
¿Cómo querrán los padres que mire un hijo al que le han puesto Casimiro? ¿Nunca de frente?
Un hombre que por un defecto de movilidad andaba moviendo la cabeza como si siempre mirara a izquierda o derecha alternativamente, se llamaba Teodomiro le conocían como "Todolomiro".
**2384.** Un policlónico podría ser una policlínica en la que se hacen clones.
En catalán peluquería se dice perruquería, que bien podría ser además una tienda de perros.
Parque de divorciones: Lugar adonde se van a divertir aquellos que se han divorciado.
Parlamento: Sitio en donde nuestros políticos acostumbran a mentir.
Fiestadio: Cuando nuestro equipo gana.
**2388.** Sin palabras, difícilmente se dice sin ellas.
Todo junto se escribe separado.
Separado se escribe todo junto.
Palíndromo no es palíndromo.
El antónimo de antónimo sería sinónimo.
Esdrújula es esdrújula, llana es llana, pero aguda no es aguda.
Monosílaba no es monosílaba.
Algo análogo ocurre con las palabras bisílaba, trisílaba, sobresdrújula, átona, adjetivo, verbo, adverbio, metáfora, circunloquio, perífrasis...
Femenino es masculino.
Número se escribe con letras.
Silencio cuanto más se repite, más se lleva la contraria a sí misma.
Infinito es finito.
Mentira es verdad que es mentira.
Sinónimos de sinónimo podrían ser: semejante, igual, análogo, equivalente, paralelo, parecido, consonante, correspondiente, homólogo...
**2394.** Siempre que oigo que el Estado va a dedicar ayudas a los "dependientes severos" me imagino en una tienda en la que me riñen por acercarme demasiado a una estantería.

J. E. M. - Solo LENGUAJE (1 y 2)

Con la "prima de riesgo", me imagino a un señor llamado Riesgo, con una prima que no cae muy bien.
**2398.** El enamorado: Elena morado.
**2404.** PORCELANA. PORCINOS. PORCIÓN. PORDIOSERO. PORTUGAL.
**2408.** CUADRO.
**2414.** ZORRA - ARROZ.
**2418.** QUINCENA.
**2424.** El gato.
**2428.** Bisílabas. Si le quitamos la s queda bisílaba.
**2434.** Carmen Maura (Carm en Maura) Ma<u>carm</u>ura.
**2438.** Urano (sAtURNO).
**2444.** Roma-Amor.
**2448.** Tres.
**2454.** La letra H. Todas las letras de la serie volteadas verticalmente siguen siendo las mismas.
**2458.** La letra n.
**2464.** La letra A.
**2468.** Sandía.
**2474.** La letra Ñ.
**2478.** Irán.
**2484.** Es cierto: PrimaVERA - VERAno.
**2488.** Esta frase tiene treinta y una letras. Esta frase tiene treinta y cuatro letras.
**2494.** Esta oración no tiene treinta y seis letras.
**2498.** La capital Lima. El país Malí.
**2504.** La letra d.

> Algo tiene el mes de diciembre,
> alguna cosa él tendrá,
> que no lo tiene ni septiembre
> como tampoco los demás.

**2508.** "Com", que la convierte en "compuerta".
**2514.** Esteban y José.
**2518.** Resaltados. (RE salta dos lugares)
**2524.** La vocal i.
**2528.** Va-lentín.
**2534.** La orca y la horca.
**2538.** Una calabaza.
**2544.** LAG-UNA...
**2548.** Quevedo.
**2554.** El cadete.
**2558.** Relamido.

J. E. M. - Solo LENGUAJE (1 y 2)

**2564.** JAQUECA.

**2568.** Esperanza.

**2574.** La primera: "ABA". La segunda: "BABA". La penúltima: "GIN-FIZZ". La antepenúltima: "ORUZUZ".
En la web:
http://dirae.es/palabras/?search_type=e&search_scope=l&q=%2Azuz&page=1&search_order
se pueden consultar las terminaciones del DRAE.

**2578.** DOCE MÁS TRES - TRECE MÁS DOS. CATORCE MÁS UNO - CUATRO MÁS ONCE.

**2584.** Bronce o Cobren. Puerco o Cuerpo. Decoro o Recodo. Prócer.
A = Acero  B = Cobre  C = Cocer  D = Cerdo  E = Cereo  F = Cofre  G = Greco  H = Roche  I = Recio  J =  K =  L = Clero  M = Comer  N = Rocen  Ñ = O = Coreo  P = Crepo  Q =  R = Corre  S = Roces  T = Terco  U = Cuero  V = (no)  W =  X =  Y = Creyó  Z =

**2588.** Sólo cambió la coma de lugar y puso: *"Perdón, imposible condenarle a muerte"*. Se salvó.

**2594.** Pedro Almodóvar. Juan Luis Guerra. Isabel Allende.

**2598.** APIO. PI es una de las letras griegas.

**2604.** Un primate de Madagascar llamado "aiai" o simplemente, ai (iniciales de "animal inesperado").
También existe un pájaro llamado "Oo".

**2608.** El 154: "CIENTO CINCUENTA Y CUATRO".

**2614.** Se llama Yvan. Rab es anagrama de Bar (abogacía). Ymra es anagrama de Army (ejercito).
Por tanto un anagrama de Navy (marina) que suene a nombre de persona puede ser Yvan.

**2618.** Pregunte a Miss Qwerty.

**2624.** Cuartel. Recluta.

**2628.** Pedigüeñería - Calidad de pedigüeño.

**2634.** Port-au-Prince.

**2638.** CAN-OSO.

**2644.** LOUNGER. Se convierte en LONGER.

**2648.** Dos: Clara y Emma.

**2654.** Esco-billón. Ali-cate termina en cate (cero).

**2658.** TRES HUEVOS REVUELTOS.

**2664.** LisBOA - lond-RES - Ti-RANA.

**2668.** "Necesito ayuda, en mi teclado no funcionan las teclas de la fila de arriba".

**2674.** 1000 (MIL). Cuatro cifras, tres letras.

**2678.** C-Amelia. D-Alia.

**2684.** CORTE - PORTE - PARTE - PARTO - PASTO - PASEO.
**2688.** SONADA. - NADADOR – ENSENADA.
**2694.** Las cuatro palabras son anagramas de nombres de río: TÁMESIS, EBRO, NILO, SEGURA.
**2698.** Son las últimas letras de los días de la semana.
**2704.** El ojo. En inglés: eye.
**2708.** Si usted es mujer, con toda seguridad colocaría la coma después de la palabra mujer.
Si usted es hombre, con toda seguridad colocaría la coma después de la palabra tiene.
**2714.** Eliminando SEIS LETRAS queda: COCINA.
**2718.** La palabra GRACIAS.

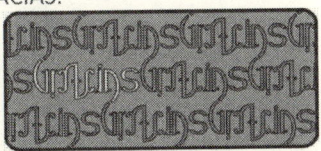

**2724.** Verónica.
**2734.** La serie se construye con las vocales del nombre de los planetas en orden de cercanía al Sol, por lo que faltan las de Plutón: UO.
**2738.** Todas contienen tres letras consecutivas del alfabeto.
**2744.** "TODOS PARA UNO Y UNO PARA TODOS". "VIVIR PARA VER O VER PARA VIVIR".
**2748.** Péndulo: basta recorrer las letras en el orden que seguiría el movimiento del péndulo.
**2754.** El tamaño del pene. (Con perdón)
**2758.** Rescoldo.
**2764.** Lentamente
**2768.** Avena.
**2778.** La letra que completa la serie es la "e". Las letras son las vocales de la pregunta "¿Qué letra completa la siguiente serie?".
**2784.** Sí. La palabra "mal".
**2788.** S. Por orden alfabético, una vocal, una consonante, una vocal, dos consonantes, una vocal, tres consonantes, etc.
**2794.** A la palabra "bisílabas" le quitamos la "s" final y nos queda "bisílaba".
A la palabra "enemiga" le quitamos la "ene" y queda miga. Este enfoque abre otro abanico de posibilidades.
**2798.** De los 7 días de la semana. La a y la u están en dos. La o y la i están en tres. La e está en cinco.
**2804.** Una letra d: boda.
**2808.** N y T. Son letras del abecedario que no contienen curvas.

J. E. M. - Solo LENGUAJE (1 y 2)

**2814.** La F, ya que así se formaría la E y diría ELCHE.
**2818.** Perdón.
**2824.** Todos los caminos conducen a Roma.
**2828.** El término *bluetooth*. Homenaje a un antiguo rey vikingo, que unió tribus y territorios, incluso pretendía unir las tierras de Escandinavia, que estaban separadas por el mar.
**2834.** Lo que me dijo fue: *Ninguna*.
**2838.** *Esta frase tiene un errores.*
**2844.** Quitando la primera letra de cada palabra: *"A la una en el río, Nico"*.
**2848.** Las estaciones del año: autumn, winter, spring y summer tienen todas seis letras, mientras que otoño, invierno, primavera y verano tienen respectivamente 5, 8, 9 y 6.
**2854.** DCNV. "EN ESTA FRASE HAY DIECINUEVE CONSONANTES"
**2858.** Cicerón, porque lleva el nombre de un número en su interior.
**2864.** Novecientos.
**2868.** DAMASCO, porque incluye el nombre de una pieza de ajedrez.
**2874.** PALABRA lo tiene, porque es una palaba; mientras NÚMERO no lo tiene porque no es un número.
**2878.** OBLONGO.
**2884.** Ocho, continuando con la idea de que las primeras letras de las sucesivas palabras vayan sugiriendo los sucesivos números: un..., do..., tre..., etc.
**2888.** La L. Es la única que tiene dos trazos, las demás todas tres.
**2894.** ANIMAL - LAMINA.
**2904.** COUNT BASIE tiene justo las cinco vocales.
**2908.** Con el dos: temidos, dosel, atareados, sedoso... Con el tres: postres, estresado, tresillo...
**2914.** Es que desde bien pequeño me enseñaron que el deber era lo primero.
**2918.** Almadraba.
**2924.** brocado=Córdoba. leche=Elche. enlisar=Linares. carabelón=Barcelona. sereno=Orense. acharolar=Calahorra. delicadura=Ciudad Real. agradan=Granada. delira=Lérida. ovoide=Oviedo. huecas=Huesca. arios=Soria. valía=Ávila. pelícana=Palencia. ángeles=Leganés. molestos=Móstoles. careces=Cáceres.
**2928.** Fletad ricos = Fidel Castro. Gestionar guasa = Santiago Segura. Mensajero natural = Joan Manuel Serrat. Avida dollars = Salvador Dalí.
**2934.** Monasterio.
**2938.** Testaferro.
**2944.** Arquivolta.

J. E. M.   -   Solo LENGUAJE (1 y 2)

**2948.** Psitacismo.
**2954.** Maestresala.
**2958.** Menologio.
**2964.** Facistol.
**2968.** Espiráculo.
**2974.** 1. algUNOs. 2. fugaDOS. 3. enTRE Sílabas. 6. penSEIS. 7. anSIE Tener. 9. reNUEVEn. 10. parDIEZ. 11. cONCEbido. 12. DOCEna. 13. enTRECEjo. 15. QUINCEna.
Faltan 4, 5, 8 y 14.
**2978.** Es un ejemplo de bifrontismo poético, composición que al leerla en uno u otro sentido no cambia su significado.
**2984.** Es una composición que invierte su significado al ser leída del final al principio.
**2988.** Éxito, Léxico, México, Sexo.
**2994.** Soporte, Exportar, Poroso, Reportaje.
**2998.** CHINA - INDIA - JAPÓN - NEPAL - QATAR.
**3004.** En el poema se encuentran escondidos ordenados todos los números del uno al ocho:
UN Oso parDO Sapos, buiTRES, un cuCÚ ATROz, etc...
**3008.** Una de las pruebas de hace años de "El juego más difícil del verano", del diario El País era: «multiplicar una vez por membrillo». El resultado es: 11x15=165.
DOS - Disk Operating System.
Diez - Ten (imperativo de tener).
Once - Eleven.
Eleven quince pies - Once pasteles de membrillo.
**3014.** Rallar. Adosados. Agregaré. Beriberi. Bilabial. Saneasen. Entretener. Sonrosaran. Segregaras. Termómetro. Quisquilloso. Aristocráticos. Todos los palíndromos con número par de letras.
**3018.** La cara de un perro que mira hacia nosotros. Sus orejas son los rostros de los novios y el hocico es el puño del novio.
**3024.** ABaD, ABaDEnGo, ABarraGanamieNtO.
Ese HIJo LiNdO PoR Su UVaduZ
ABC DE madrid: LéaIO PoR Ser VeraZ.
**3028.**
```
DGOODDODGOODDO
ODOOGGGDODGOGG
OGOGDOODGOODDD
DGDOOOGGOOGDGO
OGDGOGDGOGGOGD
DDDGDDODOOGDOO
ODGOGGDOOGGOOD
```
**3034.** La ostra se aburra. No es burra, es ostra.

J. E. M. - Solo LENGUAJE (1 y 2)

Vacilar sea la principal actividad de los bacilos.
El cerdo sea asqueroso. A mí, por lo menos, me gusta.
**3038.** Son las letras que no figuran en el nombre de ningún número.
**3044.** Córdoba y cordobán.
**3048.** 24.
**3054.** La sílaba ER.
**3068.** Cuatro. Es el número de letras del número respectivo.
**3073.** Se arroja en el lago una cantidad conocida de un producto químico concentrado o de una tintura vegetal. Una vez pasado un tiempo para que la inocua sustancia se disuelva, toma muestras del agua en varios lugares. Cuanto más diluida se encuentre la solución, mayor será el volumen del lago. Un análisis preciso de la concentración en las muestras dará una buena idea del volumen del agua.
**3074.** Se escribe con tres vocales de las cinco y se lee con la otras dos que no aparecen: FUA.
**3078.** Deshonesto. Si lo clasificamos en cualquiera de las dos categorías se produce una contradicción.
**3084.** ¡Coño qué frío!
**3088.** Son los enteros más pequeños que pueden nombrarse con una palabra, dos, tres, cuatro, etc.
**3094.** Cada palabra incorpora por lo menos una nueva letra, que no había aparecido hasta entonces.
**3098.**
1. ¿Quién te ha dado vela en este entierro?
2. Más vale pájaro en mano que ciento volando.
3. A caballo regalado, no le mires el dentado.
4. Quien con niños se acuesta, cagado amanece.
5. A palabras necias, oídos sordos.
6. Mucho ruido y pocas nueces.
7. Haz bien y no mires a quién.
8. Dime con quién andas y te diré quién eres.
9. Quien quiera peces, que se moje el culo.

**3104.** La X. Todas se pueden dividir simétricamente en dos mitades, inferior y superior.
**3108.** Todas se apoyan en dos 'patas'.
**3114.** Violeta, azucena, jazmín, magnolia, alelí, camelia.
**3118.** a) Dejemos que las aguas corran y las estrellas salgan.
b) Yo quisiera amarte, como quisiera tener sed delante de las fuentes.
**3124.** Todas empiezan y terminan con la misma letra.
**3128.** Rosa, nardo, azalea, lila, peonia, lirio.
**3134.** Tres. "nuestra" menos "una" = "estr" = "tres".

**3138.** Arte. En singular: Arte moderno, arte abstracto.
En plural: Artes plásticas, malas artes.
**3144.** Alfabeto, abecedario.
**3148.** Agregando una "o" antes de la i queda apoio, que sería como pronuncian apoyo los españoles... También vale Apolo.

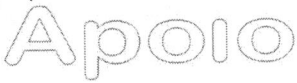

**3154.** Los más comunes en español serían Aarón y Zunilda, aunque existen otros más exóticos que los superan.
**3158.** Ellas.
**3164.** *"Esta mañana vi pasar un expreso"*. ¿Un tren o un condenado que cumplió su pena?
*"Seamos felices mientras podamos"*. Le dijo un jardinero a otro.
*"Solo sé que no se nada"*. Para prohibir nadar en un lago.
*"Vendo perro, come de todo y le gustan mucho los niños"*.
*"Con preservativos se tiene sexo seguro"*. ¡Es mentira! Ya he comprado dos cajas y sigo a dos velas...
**3168.** 1000 = mil. Cuatro cifras, tres letras.
**3174.** Cuartel. Recluta.
**3178.** Ti-rana, Lis-boa, Lond-res.
**3184.** Necesito ayuda, en mi teclado no funcionan las teclas de la fila de arriba. ¿Me comprende igual?
**3188.** Can-oso.
**3194.** Escobillón. También "alicate" que termina en cero (cate).
**3198.** C-Amelia. D-Alia.
**3204.** Una pila del tipo AA dentro de un aparato que necesite más de una pila.
**3208.** Tenga en cuenta un teclado y dará con la solución.
**3214.** "Habana sin H correctamente".
**3218.** Ahínco.
**3224.** Toro-vaca, sapo-rana, caballero-dama, padrino-madrina...
**3228.** Las correctas son: "Me llamó la atención **que** no viniera en coche". "Pensé **que** era extraño". "Me di cuenta **de que** era demasiado tarde". "Me acordé **de que** tenía una cita con el dentista".
**3234.** *El corte:* Efecto de cortar o cortarse.
*La corte:* La corte real, corral o establo donde se recoge de noche el ganado, aprisco donde se encierran las ovejas, tribunal de justicia.
*El coma:* Estado patológico que se caracteriza por la pérdida de la conciencia, la sensibilidad y la capacidad motora voluntaria.
*La coma:* Signo ortográfico.
**3238.** Debería llamar a esta persona "normal".

**3244.** Cuál(4), que(3), aunque(6), raramente(9), mientras(8), nunca(5).
**3274.** Pedigüeñería.
**3278.** SPRINTS.
**3284.** VELAS.
**3288.** Los dos niños estaban tan confundidos con el calendario que emprendieron la ruta de la escuela durante una mañana de domingo.
**3294.** Rescoldo.
**3318.** Podemos decir: "no viene nadie", "no dice nada" o "no quiero ninguna", sin incurrir en una incorrección. En español la doble negación se utiliza para reforzar el sentido negativo de un enunciado.
**3324.** Lentamente.
**3334.** SOPAPOS es un palíndromo y TORTAZOS no.
**3338.** Avena.
**3344.** La T.
**3348.** Alicia.
**3358.** Palmareses.
**3368.** Ochoa.
**3374.** Ocho, un**o**, cuatr**o**, n**u**eve, tr**e**s, do**s**, **s**iete, c**i**nco, se**i**s.
**3384.** 12 signos del Zodíaco.
88 teclas de piano.
18 hoyos en un campo de golf.
90 grados en un ángulo recto.
29 días en febrero en un año bisiesto.
5 dígitos en un código postal (en España).
**3388.** Salamanca.
**3394.** 1) Pera-perilla. 2) Cabestro-cabestrillo.
**3398.** Porque lo del camarero tiene todas las letras del abecedario.

J. E. M. - Solo LENGUAJE (1 y 2)

# ARCHIVOS VIRTUALES

Muchos acertijos llevan asociado, cada uno, un archivo virtual alternativo con el mismo nombre.

Tales archivos contienen el enunciado, la solución o ambos, de una forma más atractiva o diferente de lo habitual. Incluyo también los archivos de los demás volúmenes. Se pueden descargar de:

**http://platea.pntic.mec.es/jescuder/acertijo.rar**

*Para visualizar el contenido de cada archivo, es necesario tener instalado el programa correspondiente: Excel, Powerpoint, Flash, etc.*

Se muestran a continuación ordenados alfabéticamente.

2+2+2+2=8.xls
A los lados de la coma.xls
AAAA BBBB.xls
ABCD cuadrado.xls
Alberto Durero y su cuadrado mágico.ppt
Año de nacimiento.xls
Área = Perímetro.xls
Armando un cubo.ppt
(a_cubo01.swf ... a_cubo11.swf)
Asombrosa predicción.ppt
Asombrosa predicción.xls
Avaricioso castigado.xls
Baloncesto bizantino.xls
Bonita propiedad.xls
Búsqueda y captura.xls
C. mágico 3x3 de primos.xls
Cabras y ovejas.xls
Caminos de mínimo recorrido.ppt
Carlos en el año 2000.xls
Catetos consecutivos.xls
Cateto e hipotenusa consecutivos.xls
Cifras del cubo.xls
Cinco bolas de acero.xls
Cinco consecutivos.xls
Colocando números.xls
Como anillo al dedo.xls.
Con las cifras del 0 al 9 (3).xls
Con las cifras del 2003.xls
Contando los unos.xls

Cortes sucesivos.xls
Cuadrado a triángulo.swf
Cuadrado de 6 cifras.xls
Cuadrado mágico 3x3 de primos.xls
Cuadrado mágico 3x3.xls
Cuadrado mágico 5x5.xls
Cuadrados capicúas.xls
Cuadrados consecutivos.xls
Cuadrados sin repetir cifra.xls
Cubo y cifras.xls
Cubos de cifras.xls
Curiosa propiedad (1).xls
Curiosa raíz cuadrada.xls
Curiosas multiplicaciones.xls
Curiosidad con tres dados.xls
Curioso cuadrado AABB.xls
Curiosos cuadrados invertidos.xls
De cuadrado a cubo.xls
Del cero al nueve.xls
Del uno al ocho.xls
Descomponiendo el 30.xls
Diferencia muy fiel (1).xls
Diferencia muy fiel (2).xls
Director creativo.xls
Divisibilidad por 7.ppt
Divisiones exactas (1).xls
Divisiones exactas (2).xls
Domingos y lunes.xls
Dominó y ajedrez.ppt
Dos escalas sobre una cinta.xls
El cesto de huevos.xls

J. E. M. - Solo LENGUAJE (1 y 2)

El cheque.xls
El clásico del nº 1.xls
El collar.xls
El gran desfile.xls
El imposible cuadrado de cubos.xls
El juego de los aplausos (1).xls
El juego de los aplausos (2).xls
El juego de los aplausos (3).xls
El juego de los aplausos (4).xls
El justo reparto.ppt
El más pequeño.xls
El menor con x divisores.xls
El menor múltiplo de 7.xls
El menor número.xls
El número 142.857.xls
El número 1.984.xls
El número de Ramanujan.xls
El número del portal.xls
El número mágico 1.089.xls
El número mágico 495.xls
El número mágico 6.174.xls
El número mágico 9.xls
El número tres.xls
El pintor madrileño.ppt
El rebaño más pequeño.xls
El reloj digital.xls
El truco del calendario.xls
En el hipódromo.xls
Engañando a la balanza.xls
Error mecanográfico.xls
Estrella con diagonales.xls
Facilema.xls
Fila de tarjetas.ppt
Fumando colillas.xls
Hexágono con rayos.xls
La banda municipal.xls
La báscula del sargento.xls
La cesta de los huevos.xls
La conjetura de Collatz.xls
La edad de Juan.xls
La edad de mi hijo.xls
La edad del Sr. Gómez.xls
La estrella de cine.xls

La familia de Isaac.xls
La gran carrera.xls
La guarnición.ppt
La quinta potencia.xls
La rueda.xls
Las edades de las hermanas.xls
Las elecciones.xls
Las grandes potencias.xls
Las manzanas del hortelano.xls
Las monjas del convento.ppt
Las ovejas de Marcelo.xls
Las perlas del rajá.xls
Los 5 negocios de Timoteo.xls
Los aspirantes al puesto de trabajo.xls
Los canales de Marte.ppt
Los escalones.xls
Los guardianes de las naranjas.xls
Los hermanos y los melones (1).ppt
Los mágicos 21 y 481.xls
Los nudos.ppt
Los peldaños.ppt
Los puntos de tres dados.xls
Los repollos de la señora García.xls
Los tonos grises.gif
Los tres jugadores.xls
Los tres niños con camiseta.ppt
Los vagabundos y las galletas.xls
Lucas.exe (En la carpeta: LUCAS-Juego)
Magia con seis números.ppt
Magia con seis números.xls
Manzanas enteras.xls
Marineros, mono y cocos(2).xls
Marineros, mono y cocos.xls
Método árabe de multiplicación.xls
Mi hermano y yo.xls
Mi primo y su padre.xls
Midiendo un cable.xls
Moros y cristianos.ppt
Movida en la lechería.doc
Movida en la lechería.ppt
Multiplicación a la rusa.xls

J. E. M. - Solo LENGUAJE (1 y 2)

Multiplicación hindú.ppt
Multiplicación hindú.xls
Múltiplos de 17.xls
Ningún número primo.xls
Números abundantes....xls
Números de Harshad.xls
Números elegantes.xls
Números especulares.xls
Números felices.xls
Números narcisistas.xls
Números no equivalentes.xls
Números romanos alfabéticos.xls
Números vampiros.xls
Obreros de siempre.xls
Oferta de equipo de música.xls
Ojo con los santos.xls
Original e invertido.xls
Original testamento.xls
Pasteles para los invitados.xls
Permutando cifras.xls
Persistencia multiplicativa.xls
Pesando a cuatro niños.xls
Pesando a seis soldados.xls
Pesando por parejas.xls
Piratas numéricos.xls
Pobre Pío.xls
Predecir la cuenta.xls
Prestar y recuperar 50 dólares.ppt
Producto de consecutivos.xls
Progresión y cuadrado.xls
Qué edad tengo.xls

Resolviendo la ecuación.xls
Resta y cociente.xls
Ropa tendida.ppt
Se quedó sin discos.xls
Sencillo, doble y triple.xls
Siempre exacto.xls
Siempre llegamos.xls
Sistemas de votación.ppt
Sobre números de dos cifras.xls
Soldados combativos.xls
Suma de cuadrados de números consecutivos.xls
Suma de números consecutivos.xls
Suma por producto.xls
Suprimiendo la última cifra.xls
Tarjetas adivinas-1-2-3-4.xls
Transporte de un tesoro.xls
Tres agujas en un pajar.xls
Tres enteros consecutivos.xls
Triángulo con 3 bolas.xls
Triángulo con 4 bolas.xls
Triángulo con 5 bolas.xls
Tumba.jpg
Un hombre afortunado.ppt
Un número privilegiado.xls
Vacas, cerdos y ovejas.xls
Veces el uno.xls
Venta de gansos.xls
Venta de huevos.xls
Volteando cartas.xls

J. E. M. - Solo LENGUAJE (1)

# BIBLIOGRAFÍA

*La relación que se muestra a continuación es incompleta por las razones explicadas en el prólogo. Pudiera servir de orientación y, en parte, como justificación de todas las omisiones.*

Adams, James L. - Guía y juegos para superar bloqueos... Gedisa. Barcelona. (1986)
Agostini, F. – Juegos de lógica y matemáticas. Pirámide. Barcelona. (1988)
Albaiges Olivart J. M. - ¿Se atreve Vd. con ellos? Marcombo. Barcelona. (1981)
Allem, J. P. - Juegos de ingenio y entret. mat. Gedisa. Barcelona. (1984)
Allem, J. P. - Nuevos juegos de ingenio y entret. mat. Gedisa. Barcelona. (1984)
Azzopardi, Gilles - 500 tests para aumentar su inteligencia. Tikal. Gerona. (2001)
Barry Townsend, Charles - Acertijos Clásicos. Selector. (1994)
Bayllif, J. C.. - Los rompecabezas lógicos de Baillif. Reverté. Barcelona. (1985)
Berrondo, M. - Los juegos matemáticos de eureka. Reverté. Barcelona. (1987)
Bolt, B. – Actividades matemáticas. Lábor. Barcelona. (1988)
Bolt, B. – Más actividades matemáticas. Lábor. Barcelona. (1990)
Bolt, B. – Divertimentos matemáticas. Lábor. Barcelona. (1987)
Brandeth, Gyles - Juegos con números. Gedisa. Barcelona. (1989)
Bunch, B. H. – Matemática insólita. Paradojas y... Reverté. Barcelona. (1987)
Camous, Henri - Problemas y juegos con la matemática. Gedisa. Barcelona. (1995)
Carroll, Lewis – El juego de la lógica. Alianza. Barcelona. (1979)
Corbalán, F. - Juegos matemáticos para secundaria y Bach. Síntesis. Madrid. (1994)
Dispezio, Michael A. - 99 desafios a la capacidad intelectual. Tikal. Gerona. (1999)
Emmet, Eric - Juegos de acertijos enigmáticos. Gedisa. Barcelona. (1990)
Emmet, Eric - Juegos para devanarse los sesos. Gedisa. Barcelona. (2000)
Falleta, N. - Paradojas y juegos. Ilustraciones, ... Gedisa. Barcelona. (1986)
Fixx, J. - Juegos de recreación mental para los muy intelig. Gedisa. Barcelona. (1988)
Fournier, Jean Louis - Aritmética aplicada e impertinente... Barcelona. (1995)
Friant, J. y LH, Y. - J. lógicos en el mundo de la intelig... Gedisa. Barcelona. (1987)
García Solano, R. - Matemáticas mágicas. Escuela Española. Madrid. (1988)
Gardner, M. - Nuevos pasatiempos matemáticos. Alianza. Barcelona. (1980)
Gardner, M. - Carnaval matemático. Alianza. Barcelona. (1980)
Gardner, M. - Circo matemático. Alianza. Barcelona. (1983)
Gardner, M. – Comunicación extraterrestre y otros p. mat.. Cátedra. Madrid. (1986)
Gardner, M. - Festival mágico-matemático. Alianza. Barcelona. (1984)
Gardner, M. - ¡Ajá! Inspiración ¡Ajá! Lábor. Barcelona. (1981)
Gardner, M. - ¡Ajá! Paradojas que hacen pensar. Lábor. Barcelona. (1983)

J. E. M. - Solo LENGUAJE (1)

Gardner, M. - Ruedas vida y otras div. Matemáticas. Lábor. Barcelona. (1985)
Gardner, M. - Juegos y enigmas de otros mundos. Gedisa. Barcelona. (1987)
Gardner, M. - Juegos y enigmas de otros mundos. Gedisa. Barcelona. (1987)
Gardner, M. - Mágicos números del doctor Matrix, Los. Gedisa. Barcelona. (1986)
Guzmán, M. de - Cuentos con cuentas. Lábor. Barcelona. (1984)
Guzmán, M. de - Mirar y ver. Alhambra. Madrid. (1976)
Harshman, Edward J. - 99 enigmas para estimular el ingenio. Tikal. Gerona. (1999)
Harshman, Edward J. - ¡Elemental, querido Watson! 100 enig... Tikal. Gerona. (1999)
Holt, M. - Matemáticas recreativas 2. Martínez Roca. Barcelona. (1988)
Holt, M. - Matemáticas recreativas 3. Martínez Roca. Barcelona. (1988)
Knuth, D. E. – Números surreales. Reverté. Barcelona. (1979)
Lánder, I. - Magia mat. Lábor. Barcelona. (1985)
Longe, Bob - Los mejores trucos de cartas del mundo. Tikal. Gerona. (1998)
Longe, Bob - Los mejores trucos de magia del mundo. Tikal. Gerona. (1998)
Masino, G. – El romance de los números. Círculo de Lectores. Barcelona. (1980)
Mataix, M. - Cajón de sastre matemático. Marcombo. Barcelona. (1978)
Mataix, M. - Divertimientos lógicos y matemáticos. Marcombo. Barcelona (1979)
Mataix, M - Fácil, menos fácil y difícil. Marcombo. Barcelona. (1980)
Mataix, M. - El discreto encanto de las matemáticas. Marcombo. Barcelona. (1981)
Mataix, M. - Nuevos divertimientos matemáticos. Marcombo. Barcelona. (1982)
Mataix, M. - Droga matemática. Marcombo. Barcelona. (1983)
Mataix, M. - Ocio matemático. Marcombo. Barcelona. (1984)
Mataix, M. - Problemas para no dormir. Marcombo. Barcelona. (1987)
Mataix, M. - En busca de la solución. Marcombo. Barcelona. (1989)
Mathematical Association of America – Concursos de mat. Euler. Madrid. (1996)
Muller, R. - Matemagicas. Tikal. Gerona. (1999)
Northrop, E. P. - Paradojas matemáticas. Uteha. México. (1977)
Paraquín, K. H. - Juegos visuales. Lábor. Barcelona. (1978)
Perelman, Y. I. - Matemáticas recreativas. Martínez Roca. Barcelona. (1977)
Perelman, Y. I. - Álgebra recr. Mir. Moscú. (1978)
Perelman, Y. I. - Problemas y experimentos recreativos. Mir. Moscú. (1983)
Robert-Houdin, J. E. - Secretos de la magia. Tikal. Gerona. (1999)
Rodríguez Vidal, R. - Diversiones matemáticas. Reverté. Barcelona. (1983)
Rodríguez Vidal, R. - Cuentos y cuentas de los mat. Reverté. Barcelona. (1986)
Rodríguez Vidal, R. - Enjambre matemático. Reverté. Barcelona. (1988)
Smullyan, R. - ¿Cómo se llama este libro? Cátedra. Madrid. (1981)
Smullyan, R. - ¿La dama o el tigre? Cátedra. Madrid. (1983)
Smullyan, R. - Alicia en el país de las adivinanzas. Cátedra. Madrid. (1984)
Smullyan, R. - Enigma de Sherezade. Gedisa. Barcelona. (1998)

J. E. M.   -   Solo LENGUAJE (1)

Smullyan, R. - Juegos de ajedrez y los misteriosos... Gedisa. Barcelona. (1986)
Smullyan, R. - Juegos para imitar a un pájaro imitador. Gedisa. Barcelona. (1989)
Smullyan, R. - Juegos por siempre misteriosos. Gedisa. Barcelona. (1995)
Smullyan, R. - J. y problemas de ajedrez para S. H. Gedisa. Barcelona. (1986)
Smullyan, R. - Satán, Cantor y el infinito. Gedisa. Barcelona. (1995)
Stewart, Ian - Ingeniosos encuentros entre juegos y mat. Gedisa. Barcelona. (1990)
Tejada, Ivan - 100 problemas para pensar (un poco). Tikal. Gerona. (1999)
Thio de Pol, S. - Primos o algunos dislates sobre números. Alhambra. Madrid. (1976)
Vives, Paul – J. de ingenio. M. Roca. Barcelona.
Wells, David - El curioso mundo de las matemáticas. Gedisa. Barcelona. (2000)

**COLECCIÓN DE MENTE:** *Para el aficionado a los juegos y a los problemas de ingenio.*
1. El idioma de los espías - Martin Gardner.
2. El Laberinto y otros juegos matemáticos - Edouard Lucas.
3. Ejercicios de Pensamiento Lateral - Paul Sloane.
4. Puerta a la Cuarta Dimensión y otros cuentos - Varios autores.
5. Los Acertijos de Sam Loyd - Martin Gardner.
6. Magia Inteligente - Martin Gardner.
7. Ganar al Backgammon - Millard Hopper.
8. El Acertijo del Mandarín y otras diversiones matemáticas - Henry Dudeney.
9. Anarquía y otros j. de cartas - David Parlett.
10. El Anticipador y otros cuentos - Varios autores.
11. Nuevos Ejerc. de Pensam. Lateral - Paul Sloane.
12. El Concurso de Belleza y otros desafíos matemáticos - Ángela Dunn.
13. El detective es Usted - Lassiter Wreen y Randle McKay.
14. Matemática para divertirse - Martin Gardner.
15. Las Esferas Doradas y otras recreaciones matemát. (tomo I) - Joseph Madachy.
16. Las Esferas Doradas y otras recreaciones matemát. (tomo II) - Joseph Madachy.
17. Acertijos Divertidos y Sorprendentes - Martin Gardner.
18. C. Viciosos y Paradojas - P. Hughes y B. Brecht.
19. Los Gatos del Hechicero y nuevas diversiones matemáticas - Henry Dudeney.
20. Súper Ejercicios de Pensamiento Lateral - Paul Soone y Des MacHale.
21. Aquí Comienza el Bridge - Terence Reese.
22. 5 Test de Inteligencia - Pierre Berloquin.
23. Test de Pensamiento Lateral - Paul Sloane.
24. Acertijos Fantásticos - Muriel Mandell.
25. Cómo Jugar y Divertirse con Escritores Famosos - Daniel Samoilovich.

26. Acertijos para Resolver en el Ascensor - J.J.Mendoza Fernández.
27. La Magia de la Matemática - Theoni Pappas.
28. Cómo Jugar y Divertirse con su Inteligencia - Lea y Jaime Poniachik.
29. Potencie su Pensamiento Lateral - Paul Sloane y Des MacHale.
30. Nuevos Acertijos de Sam Loyd – M. Gardner.
31. El Encanto de la Matemática - Theoni Pappas.
32. Acertijos Para Resolver en el Autobús - J.J. Mendoza Fernández.
33. Prácticas de Pensamiento Lateral - Paul Sloane y Des MacHale.
34. 101 Acertijos - C.R. Wylie.
35. Ejercicios de Intelig. Asociativa - Lloyd King.

**CORREO ELECTRÓNICO** - *Acertijos enviados por internautas.*

## OTRAS OBRAS DE *JESÚS ESCUDERO MARTÍN*

138 págs. (B/N)

138 págs. (B/N)

138 págs. (B/N)

154 págs. (B/N y Color)

264 págs. (B/N)

390 págs. (B/N)

486 págs. (B/N y Color)

148 págs. (B/N)

148 págs. (B/N)

148 págs. (B/N)    148 págs. (B/N y Color)    276 págs. (B/N)

404 págs. (B/N)    500 págs. (B/N y Color)    112 págs. (B/N)

114 págs. (B/N)    116 págs. (B/N)    118 págs. (B/N)

118 págs. (B/N)   118 págs. (B/N y Color)   158 págs. (B/N y Color)

156 págs. (B/N y Color)   154 págs. (B/N y Color)   292 págs. (B/N y Color)

280 págs. (B/N y Color)   122 págs. (B/N)   162 págs. (B/N y Color)

162 págs. (B/N y Color)   162 págs. (B/N y Color)   304 págs. (B/N y Color)

448 págs. (B/N y Color)   204 págs. (B/N))   206 págs. (B/N)

202 págs. (B/N)   194 págs. (B/N)   386 págs. (B/N)

366 págs. (B/N)　　208 págs. (B/N)　　206 págs. (B/N)

214 págs. (B/N)　　170 págs. (B/N y Color)　170 págs. (B/N y Color)

166 págs. (B/N y Color)　306 págs. (B/N y Color)　440 págs. (B/N y Color)

172págs. (B/N y Color)   162 págs. (B/N y Color)   162 págs. (B/N y Color)

304 págs. (B/N y Color)   432 págs. (B/N y Color)   152 págs. (B/N y Color)

168 Págs. (B/N y Color)   286 págs. (B/N y Color)   150 págs. (B/N y Color)

150 págs. (B/N y Color)  152 págs. (B/N y Color)  156 págs. (B/N y Color)

150 págs. (B/N y Color)  152 págs. (B/N y Color)  278 págs. (B/N y Color)

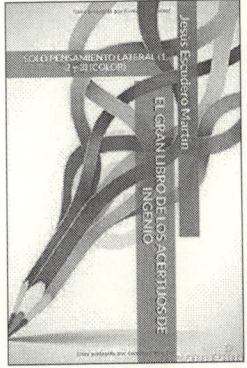  

402 págs. (B/N y Color)  336 págs. (B/N y Color)  214 págs. (B/N y Color)

Made in the USA
Columbia, SC
28 June 2021